DILEXI TE

EXHORTACIÓN APOSTÓLICA
DILEXI TE

DEL SANTO PADRE
LEÓN XIV

SOBRE EL AMOR ·
HACIA LOS POBRES

Título original:
Exhortación apostólica
Dilexi te
del Santo Padre León XIV
sobre el amor hacia los pobres

© 2025 Dicastero per la Comunicazione
– Libreria Editrice Vaticana
00120 Città del Vaticano
www.comunicazione.va

© Ediciones Mensajero, 2025
Grupo de Comunicación Loyola
Padre Lojendio, 2
48008 Bilbao – España
Tfno.: +34 944 470 358
info@gcloyola.com / gcloyola.com

Diseño de cubierta:
Vicente Aznar Mengual, SJ

Impreso en España. *Printed in Spain*
ISBN: 978-84-271-5107-9
Depósito legal: BI-1239-2025

Fotocomposición:
Rico Adrados, S. L. – Burgos / www.ricoadrados.com

Impresión y encuadernación:
Gráficas Fernan – Bilbao (Vizcaya) / graficasfernan.com

1. «Te he amado» (*Ap* 3,9), dice el Señor a una comunidad cristiana que, a diferencia de otras, no tenía ninguna relevancia ni recursos y estaba expuesta a la violencia y al desprecio: «A pesar de tu debilidad [...] obligaré [...] a que se postren delante de ti» (*Ap* 3,8-9). Este texto evoca las palabras del cántico de María: «Derribó a los poderosos de su trono y elevó a los humildes. Colmó de bienes a los hambrientos y despidió a los ricos con las manos vacías» (*Lc* 1,52-53).

2. La declaración de amor del Apocalipsis remite al misterio inextinguible que el Papa Francisco ha profundizado en la encíclica *Dilexit nos* sobre el amor divino y humano del Corazón de Cristo. En ella hemos admirado el modo en el que Jesús se identifica «con los más pequeños de la sociedad» y cómo con su amor, entregado hasta el final, muestra la dignidad de cada ser humano, sobre todo cuando es «más débil, miserable y sufriente».[1] Contemplar el amor de Cristo «nos ayuda a prestar más atención al sufrimiento y a las carencias de los demás, nos hace fuertes para participar en su obra de liberación, como instrumentos para la difusión de su amor».[2]

---

[1]   Francisco, Carta enc. *Dilexit nos* (24 octubre 2024), 170: *AAS* 116 (2024), 1422.
[2]   *Ibíd.*, 171: *AAS* 116 (2024), 1422-1423.

3. Por esta razón, en continuidad con la encíclica *Dilexit nos*, el Papa Francisco estaba preparando, en los últimos meses de su vida, una exhortación apostólica sobre el cuidado de la Iglesia por los pobres y con los pobres, titulada *Dilexi te*, imaginando que Cristo se dirigiera a cada uno de ellos diciendo: no tienes poder ni fuerza, pero «yo te he amado» (*Ap* 3,9). Habiendo recibido como herencia este proyecto, me alegra hacerlo mío —añadiendo algunas reflexiones— y proponerlo al comienzo de mi pontificado, compartiendo el deseo de mi amado predecesor de que todos los cristianos puedan percibir la fuerte conexión que existe entre el amor de Cristo y su llamada a acercarnos a los pobres. De hecho, también yo considero necesario insistir sobre este camino de santificación, porque en el «llamado a reconocerlo en los pobres y sufrientes se revela el mismo corazón de Cristo, sus sentimientos y opciones más profundas, con las cuales todo santo intenta configurarse».[3]

---

[3]   Id., Exhort. ap. *Gaudete et exsultate* (19 marzo 2018), 96: *AAS* 110 (2018), 1137.

CAPÍTULO PRIMERO

ALGUNAS PALABRAS INDISPENSABLES

4. Los discípulos de Jesús criticaron a la mujer que le había derramado un perfume muy valioso sobre su cabeza: «¿Para qué este derroche? —decían— Se hubiera podido vender el perfume a buen precio para repartir el dinero entre los pobres». Pero el Señor les dijo: «A los pobres los tendrán siempre con ustedes, pero a mí no me tendrán siempre» (*Mt* 26,8-9.11). Aquella mujer había comprendido que Jesús era el Mesías humilde y sufriente sobre el que debía derramar su amor. ¡Qué consuelo ese ungüento sobre aquella cabeza que algunos días después sería atormentada por las espinas! Era un gesto insignificante, ciertamente, pero quien sufre sabe cuán importante es un pequeño gesto de afecto y cuánto alivio puede causar. Jesús lo comprende y sanciona su perennidad: «Allí donde se proclame esta Buena Noticia, en todo el mundo, se contará también en su memoria lo que ella hizo» (*Mt* 26,13). La sencillez de este gesto revela algo grande. Ningún gesto de afecto, ni siquiera el más pequeño, será olvidado, especialmente si está dirigido a quien vive en el dolor, en la soledad o en la necesidad, como se encontraba el Señor en aquel momento.

5. Y es precisamente en esta perspectiva que el afecto por el Señor se une al afecto por los pobres. Aquel Jesús que dice: «A los pobres los tendrán siempre con ustedes» (*Mt* 26,11) expresa el mismo concepto que cuando promete a los discípulos: «Yo estaré siempre con ustedes» (*Mt* 28,20). Y al mismo tiempo nos vienen a la mente aquellas palabras del Señor: «Cada vez que lo hicieron con el más pequeño de mis hermanos, lo hicieron conmigo» (*Mt* 25,40). No estamos en el horizonte de la beneficencia, sino de la Revelación; el contacto con quien no tiene poder ni grandeza es un modo fundamental de encuentro con el Señor de la historia. En los pobres Él sigue teniendo algo que decirnos.

San Francisco

6. El Papa Francisco, recordando la elección de su nombre, contó que, después de haber sido elegido, un cardenal amigo lo abrazó, lo besó y le dijo: «¡No te olvides de los pobres!».[4] Se trata de la misma recomendación hecha a san Pablo por las autoridades de la Iglesia cuando subió a Jerusalén para confirmar su misión (cf. *Ga* 2,1-10). Años más tarde, el Apóstol pudo afirmar que fue esto lo que siempre había tratado de hacer (cf. v. 10). Y fue también la opción de san Francisco de Asís: en el leproso fue Cristo mismo quien lo

---

[4] Francisco, *Encuentro con los representantes de los medios de comunicación* (16 marzo 2013): *AAS* 105 (2013), 381.

abrazó, cambiándole la vida. La figura luminosa del *Poverello* nunca dejará de inspirarnos.

7. Fue él, hace ocho siglos, quien provocó un renacimiento evangélico entre los cristianos y en la sociedad de su tiempo. Al joven Francisco, antes rico y arrogante, le impactó encontrarse con la realidad de los marginados. El impulso que provocó no cesa de movilizar el ánimo de los creyentes y de muchos no creyentes, y «ha cambiado la historia».[5] El mismo Concilio Vaticano II, según las palabras de san Pablo VI, se encuentra en este camino: «la antigua historia del buen samaritano ha sido el paradigma de la espiritualidad del Concilio».[6] Estoy convencido de que la opción preferencial por los pobres genera una renovación extraordinaria tanto en la Iglesia como en la sociedad, cuando somos capaces de liberarnos de la autorreferencialidad y conseguimos escuchar su grito.

EL GRITO DE LOS POBRES

8. A este respecto, hay un texto de la Sagrada Escritura al que siempre es necesario volver. Se trata de la revelación de Dios a Moisés junto a la zarza ardiente: «Yo he visto la opresión de mi pueblo,

---

[5]   J. BERGOGLIO – A. SKORKA, *Sobre el cielo y la tierra*, Buenos Aires 2013, 214.

[6]   S. PABLO VI, *Homilía en la Santa Misa concelebrada durante la última sesión pública del Concilio Ecuménico Vaticano II* (7 diciembre 1965): *AAS* 58 (1966), 55-56.

que está en Egipto, y he oído los gritos de dolor, provocados por sus capataces. Sí, conozco muy bien sus sufrimientos. Por eso he bajado a librarlo [...]. Ahora ve, yo te envío» (*Ex* 3,7-8.10).[7] Dios se muestra solícito hacia la necesidad de los pobres: «clamaron al Señor, y él hizo surgir un salvador» (*Jc* 3,15). Por eso, escuchando el grito del pobre, estamos llamados a identificarnos con el corazón de Dios, que es premuroso con las necesidades de sus hijos y especialmente de los más necesitados. Permaneciendo, por el contrario, indiferentes a este grito, el pobre apelaría al Señor contra nosotros y seríamos culpables de un pecado (cf. *Dt* 15,9), alejándonos del corazón mismo de Dios.

9. La condición de los pobres representa un grito que, en la historia de la humanidad, interpela constantemente nuestra vida, nuestras sociedades, los sistemas políticos y económicos, y especialmente a la Iglesia. En el rostro herido de los pobres encontramos impreso el sufrimiento de los inocentes y, por tanto, el mismo sufrimiento de Cristo. Al mismo tiempo, deberíamos hablar quizás más correctamente de los numerosos rostros de los pobres y de la pobreza, porque se trata de un fenómeno variado; en efecto, existen muchas formas de pobreza: aquella de los que no tienen medios de sustento material, la pobreza del que está marginado socialmente y no tie-

---

[7] Cf. FRANCISCO, Exhort. ap. *Evangelii gaudium* (24 noviembre 2013), 187: *AAS* 105 (2013), 1098.

ne instrumentos para dar voz a su dignidad y a sus capacidades, la pobreza moral y espiritual, la pobreza cultural, la del que se encuentra en una condición de debilidad o fragilidad personal o social, la pobreza del que no tiene derechos, ni espacio, ni libertad.

10. En este sentido, se puede decir que el compromiso en favor de los pobres y con el fin de remover las causas sociales y estructurales de la pobreza, aun siendo importante en los últimos decenios, sigue siendo insuficiente. Esto también porque vivimos en una sociedad que a menudo privilegia algunos criterios de orientación de la existencia y de la política marcados por numerosas desigualdades y, por tanto, a las viejas pobrezas de las que hemos tomado conciencia y que se intenta contrastar, se agregan otras nuevas, en ocasiones más sutiles y peligrosas. Desde este punto de vista, es encomiable el hecho de que las Naciones Unidas hayan puesto la erradicación de la pobreza como uno de los objetivos del Milenio.

11. Al compromiso concreto por los pobres también es necesario asociar un cambio de mentalidad que pueda incidir en la transformación cultural. En efecto, la ilusión de una felicidad que deriva de una vida acomodada mueve a muchas personas a tener una visión de la existencia basada en la acumulación de la riqueza y del éxito social a toda costa, que se ha de conseguir también en detrimento de los demás y beneficiándose de

ideales sociales y sistemas políticos y económicos injustos, que favorecen a los más fuertes. De ese modo, en un mundo donde los pobres son cada vez más numerosos, paradójicamente, también vemos crecer algunas élites de ricos, que viven en una burbuja muy confortable y lujosa, casi en otro mundo respecto a la gente común. Eso significa que todavía persiste —a veces bien enmascarada— una cultura que descarta a los demás sin advertirlo siquiera y tolera con indiferencia que millones de personas mueran de hambre o sobrevivan en condiciones indignas del ser humano. Hace algunos años, la foto de un niño tendido sin vida en una playa del Mediterráneo provocó un gran impacto y, lamentablemente, aparte de alguna emoción momentánea, hechos similares se están volviendo cada vez más irrelevantes, reduciéndose a noticias marginales.

12. No debemos bajar la guardia respecto a la pobreza. Nos preocupan particularmente las graves condiciones en las que se encuentran muchísimas personas a causa de la falta de comida y de agua. Cada día mueren varios miles de personas por causas vinculadas a la malnutrición. En los países ricos las cifras relativas al número de pobres tampoco son menos preocupantes. En Europa hay cada vez más familias que no logran llegar a fin de mes. En general, se percibe que han aumentado las distintas manifestaciones de la pobreza. Esta ya no se configura como una única condición homogénea, más bien se traduce en múltiples formas

de empobrecimiento económico y social, reflejando el fenómeno de las crecientes desigualdades también en contextos generalmente acomodados. Recordemos que «doblemente pobres son las mujeres que sufren situaciones de exclusión, maltrato y violencia, porque frecuentemente se encuentran con menores posibilidades de defender sus derechos. Sin embargo, también entre ellas encontramos constantemente los más admirables gestos de heroísmo cotidiano en la defensa y el cuidado de la fragilidad de sus familias».[8] Si bien en algunos países se observan cambios importantes, «la organización de las sociedades en todo el mundo todavía está lejos de reflejar con claridad que las mujeres tienen exactamente la misma dignidad e idénticos derechos que los varones. Se afirma algo con las palabras, pero las decisiones y la realidad gritan otro mensaje»,[9] sobre todo si pensamos en las mujeres más pobres.

Prejuicios ideológicos

13. Más allá de los datos —que a veces son "interpretados" en modo tal de convencernos que la situación de los pobres no es tan grave—, la realidad general es bastante clara: «Hay reglas económicas que resultaron eficaces para el crecimiento, pero no así para el desarrollo humano integral.

---

[8] *Ibíd.*, 212: *AAS* 105 (2013), 1108.

[9] Id., Carta. enc. *Fratelli tutti* (3 octubre 2020), 23: *AAS* 112 (2020), 977.

Aumentó la riqueza, pero con inequidad, y así lo que ocurre es que "nacen nuevas pobrezas". Cuando dicen que el mundo moderno redujo la pobreza, lo hacen midiéndola con criterios de otras épocas no comparables con la realidad actual. Porque en otros tiempos, por ejemplo, no tener acceso a la energía eléctrica no era considerado un signo de pobreza ni generaba angustia. La pobreza siempre se analiza y se entiende en el contexto de las posibilidades reales de un momento histórico concreto».[10] Sin embargo, más allá de las situaciones específicas y contextuales, en un documento de la Comunidad Europea, en 1984, se afirmaba que «se entiende por personas pobres los individuos, las familias y los grupos de personas cuyos recursos (materiales, culturales y sociales) son tan escasos que no tienen acceso a las condiciones de vida mínimas aceptables en el Estado miembro en que viven».[11] Pero si reconocemos que todos los seres humanos tienen la misma dignidad, independientemente del lugar de nacimiento, no se deben ignorar las grandes diferencias que existen entre los países y las regiones.

14. Los pobres no están por casualidad o por un ciego y amargo destino. Menos aún la pobreza, para la mayor parte de ellos, es una elección. Y,

[10] *Ibíd.*, 21: *AAS* 112 (2020), 976.

[11] Consejo de las Comunidades Europeas, *Decisión (85/8/CEE) relativa a una acción comunitaria específica de lucha contra la pobreza* (19 diciembre 1984), art. 1, par. 2: *Diario Oficial de las Comunidades Europeas*, N. L 2/24.

sin embargo, todavía hay algunos que se atreven a afirmarlo, mostrando ceguera y crueldad. Obviamente entre los pobres hay también quien no quiere trabajar, quizás porque sus antepasados, que han trabajado toda la vida, han muerto pobres. Pero hay muchos —hombres y mujeres— que de todas maneras trabajan desde la mañana hasta la noche, a veces recogiendo cartones o haciendo otras actividades de ese tipo, aunque este esfuerzo sólo les sirva para sobrevivir y nunca para mejorar verdaderamente su vida. No podemos decir que la mayor parte de los pobres lo son porque no hayan obtenido "méritos", según esa falsa visión de la meritocracia en la que parecería que sólo tienen méritos aquellos que han tenido éxito en la vida.

15. También los cristianos, en muchas ocasiones, se dejan contagiar por actitudes marcadas por ideologías mundanas o por posicionamientos políticos y económicos que llevan a injustas generalizaciones y a conclusiones engañosas. El hecho de que el ejercicio de la caridad resulte despreciado o ridiculizado, como si se tratase de la fijación de algunos y no del núcleo incandescente de la misión eclesial, me hace pensar que siempre es necesario volver a leer el Evangelio, para no correr el riesgo de sustituirlo con la mentalidad mundana. No es posible olvidar a los pobres si no queremos salir fuera de la corriente viva de la Iglesia que brota del Evangelio y fecunda todo momento histórico.

CAPÍTULO SEGUNDO

DIOS OPTA POR LOS POBRES

LA OPCIÓN POR LOS POBRES

16. Dios es amor misericordioso y su proyecto de amor, que se extiende y se realiza en la historia, es ante todo su descenso y su venida entre nosotros para liberarnos de la esclavitud, de los miedos, del pecado y del poder de la muerte. Con una mirada misericordiosa y el corazón lleno de amor, Él se dirigió a sus criaturas, haciéndose cargo de su condición humana y, por tanto, de su pobreza. Precisamente para compartir los límites y las fragilidades de nuestra naturaleza humana, Él mismo se hizo pobre, nació en carne como nosotros, lo hemos conocido en la pequeñez de un niño colocado en un pesebre y en la extrema humillación de la cruz, allí compartió nuestra pobreza radical, que es la muerte. Se comprende bien, entonces, por qué se puede hablar también teológicamente de una opción preferencial de Dios por los pobres, una expresión nacida en el contexto del continente latinoamericano y en particular en la Asamblea de Puebla, pero que ha sido bien

integrada en el magisterio de la Iglesia sucesivo.[12] Esta "preferencia" no indica nunca un exclusivismo o una discriminación hacia otros grupos, que en Dios serían imposibles; esta desea subrayar la acción de Dios que se compadece ante la pobreza y la debilidad de toda la humanidad y, queriendo inaugurar un Reino de justicia, fraternidad y solidaridad, se preocupa particularmente de aquellos que son discriminados y oprimidos, pidiéndonos también a nosotros, su Iglesia, una opción firme y radical en favor de los más débiles.

17. Se comprenden en esta perspectiva las numerosas páginas del Antiguo Testamento en las que Dios es presentado como amigo y liberador de los pobres, Aquel que escucha el grito del pobre e interviene para liberarlo (cf. *Sal* 34,7). Dios, refugio del pobre, por medio de los profetas —recordemos en particular a Amós e Isaías— denuncia las iniquidades en perjuicio de los más débiles y dirige a Israel la exhortación a renovar también el culto desde dentro, porque no se puede rezar ni ofrecer sacrificios mientras se oprime a los más débiles y a los más pobres. Desde el comienzo, la Escritura manifiesta con mucha intensidad el amor de Dios a través de la protección de los débiles y de los que menos tienen, hasta el punto de poder hablar de una auténtica "debilidad" de Dios para con ellos. «El corazón de Dios tiene

---

[12] Cf. S. Juan Pablo II, *Catequesis* (27 octubre 1999): *L'Osservatore Romano*, ed. semanal en lengua española, 29 octubre 1999, 3.

un sitio preferencial para los pobres [...]. Todo el camino de nuestra redención está signado por los pobres».[13]

JESÚS, MESÍAS POBRE

18. Toda la historia veterotestamentaria de la predilección de Dios por los pobres y el deseo divino de escuchar su grito —que he evocado brevemente— encuentra en Jesús de Nazaret su plena realización.[14] En su encarnación, Él «se anonadó a sí mismo, tomando la condición de servidor y haciéndose semejante a los hombres. Y presentándose con aspecto humano» (*Flp* 2,7), de esa forma nos trajo la salvación. Se trata de una pobreza radical, fundada sobre su misión de revelar el verdadero rostro del amor divino (cf. *Jn* 1,18; *1 Jn* 4,9). Por tanto, con una de sus admirables síntesis, san Pablo puede afirmar: «Ya conocen la generosidad de nuestro Señor Jesucristo que, siendo rico, se hizo pobre por nosotros, a fin de enriquecernos con su pobreza» (*2 Co* 8,9).

19. En efecto, el Evangelio muestra que esta pobreza incidió en cada aspecto de su vida. Desde

---

[13] FRANCISCO, Exhort. ap. *Evangelii gaudium* (24 noviembre 2013), 197: *AAS* 105 (2013), 1102.
[14] Cf. ID., *Mensaje para la V Jornada Mundial de los Pobres* (13 junio 2021), 3: *AAS* 113 (2021), 691: «Jesús no sólo está de parte de los pobres, sino que comparte con ellos la misma suerte. Esta es una importante lección también para sus discípulos de todos los tiempos».

su llegada al mundo, Jesús experimentó las dificultades relativas al rechazo. El evangelista Lucas, narrando la llegada a Belén de José y María, ya próxima a dar a luz, observa con amargura: «No había lugar para ellos en el albergue» (*Lc* 2,7). Jesús nació en condiciones humildes; recién nacido fue colocado en un pesebre y, muy pronto, para salvarlo de la muerte, sus padres huyeron a Egipto (cf. *Mt* 2,13-15). Al inicio de la vida pública, fue expulsado de Nazaret después de haber anunciado que en Él se cumple el año de gracia del que se alegran los pobres (cf. *Lc* 4,14-30). No hubo un lugar acogedor ni siquiera a la hora de su muerte, ya que lo condujeron fuera de Jerusalén para crucificarlo (cf. *Mc* 15,22). En esta condición se puede resumir claramente la pobreza de Jesús. Se trata de la misma exclusión que caracteriza la definición de los pobres: ellos son los excluidos de la sociedad. Jesús es la revelación de este *privilegium pauperum*. Él se presenta al mundo no sólo como Mesías pobre sino como Mesías de los pobres y para los pobres.

20. Hay algunos indicios a propósito de la condición social de Jesús. En primer lugar, Él realizaba el oficio de artesano o carpintero, *téktōn* (cf. *Mc* 6,3). Se trata de una categoría de personas que vivían de su trabajo manual. Además, al no poseer tierras, eran considerados inferiores respecto a los campesinos. Cuando el pequeño Jesús fue presentado en el Templo por José y María, sus progenitores ofrecieron una pareja de tórtolas o de pichones (cf. *Lc* 2,22-24), que según las

prescripciones del libro del Levítico (cf. 12,8) era la ofrenda de los pobres. Un episodio evangélico significativo es el que relata cómo Jesús, junto con sus discípulos, arrancaban espigas para comer mientras atravesaban los campos (cf. *Mc* 2,23-28), y esto —espigar los sembrados— sólo le era permitido a los pobres. Jesús mismo, luego, dice de sí: «Los zorros tienen sus cuevas y las aves del cielo sus nidos; pero el Hijo del hombre no tiene dónde reclinar la cabeza» (*Mt* 8,20; *Lc* 9,58). Él, en efecto, es un maestro itinerante, cuya pobreza y precariedad es signo de su vínculo con el Padre y es lo que se le pide también a quien quiere seguirlo en el camino del discipulado, precisamente para que la renuncia a los bienes, a las riquezas y a las seguridades de este mundo sean signo visible de la confianza en Dios y en su providencia.

21. Al comienzo de su ministerio público, Jesús se presenta en la sinagoga de Nazaret leyendo el libro del profeta Isaías y aplicándose a sí mismo la palabra del profeta: «El Espíritu del Señor está sobre mí, porque me ha consagrado por la unción. Él me envió a llevar la Buena Noticia a los pobres» (*Lc* 4,18; cf. *Is* 61,1). Él, por tanto, se presenta como Aquel que viene a manifestar en el hoy de la historia la cercanía amorosa de Dios, que es ante todo obra de liberación para quienes son prisioneros del mal, para los débiles y los pobres. Los signos que acompañan la predicación de Jesús son manifestación del amor y de la compasión con la que Dios mira a los enfermos, a los pobres y a

los pecadores que, en virtud de su condición, eran marginados por la sociedad, pero también por la religión. Él abre los ojos a los ciegos, cura a los leprosos, resucita a los muertos y anuncia la buena noticia a los pobres; Dios se acerca, Dios los ama (cf. *Lc* 7,22). Esto explica por qué Él proclama: «¡Felices ustedes, los pobres, porque el Reino de Dios les pertenece!» (*Lc* 6,20). En efecto, Dios muestra predilección hacia los pobres, a ellos se dirige la palabra de esperanza y de liberación del Señor y, por eso, aun en la condición de pobreza o debilidad, ya ninguno debe sentirse abandonado. Y la Iglesia, si quiere ser de Cristo, debe ser la Iglesia de las Bienaventuranzas, una Iglesia que hace espacio a los pequeños y camina pobre con los pobres, un lugar en el que los pobres tienen un sitio privilegiado (cf. *St* 2,2-4).

22. Los indigentes y enfermos, incapaces de procurarse lo necesario para vivir, se encontraban muchas veces obligados a la mendicidad. A esto se añadía el peso de la vergüenza social, alimentado por la convicción de que la enfermedad y la pobreza estuvieran vinculadas a algún pecado personal. Jesús se opuso con firmeza a ese modo de pensar, afirmando que Dios «hace salir el sol sobre malos y buenos y hace caer la lluvia sobre justos e injustos» (*Mt* 5,45). Es más, dio un vuelco completo a esa concepción, como queda bien ejemplificado en la parábola del rico epulón y del pobre Lázaro: «Hijo mío, [...] recuerda que has recibido tus bienes en vida y Lázaro, en cambio,

recibió males; ahora él encuentra aquí su consuelo, y tú, el tormento» (*Lc* 16,25).

23. Entonces es claro que «de nuestra fe en Cristo hecho pobre, y siempre cercano a los pobres y excluidos, brota la preocupación por el desarrollo integral de los más abandonados de la sociedad».[15] Muchas veces me pregunto por qué, aun cuando las Sagradas Escrituras son tan precisas a propósito de los pobres, muchos continúan pensando que pueden excluir a los pobres de sus atenciones. Por el momento, sigamos aún en el ámbito bíblico e intentando reflexionar sobre nuestra relación con los últimos de la sociedad y su lugar fundamental en el pueblo de Dios.

La misericordia hacia los pobres en la Biblia

24. El apóstol Juan escribe: «¿Cómo puede amar a Dios, a quien no ve, el que no ama a su hermano, a quien ve?» (*1 Jn* 4,20). Del mismo modo, en su réplica al doctor de la ley, Jesús retoma los dos antiguos mandamientos: «Amarás al Señor, tu Dios, con todo tu corazón, con toda tu alma y con todas tus fuerzas» (*Dt* 6,5) y «amarás a tu prójimo como a ti mismo» (*Lv* 19,18) fundiéndolos en un único mandamiento. El evangelista Marcos recoge la respuesta de Jesús en estos términos: «El primero es: Escucha, Israel: el Señor nuestro Dios es el único

---

[15] Id., Exhort. ap. *Evangelii gaudium* (24 noviembre 2013), 186: *AAS* 105 (2013), 1098.

Señor; y tú amarás al Señor, tu Dios, con todo tu corazón y con toda tu alma, con todo tu espíritu y con todas tus fuerzas. El segundo es: Amarás a tu prójimo como a ti mismo. No hay otro mandamiento más grande que estos» (*Mc* 12,29-31).

25. El pasaje citado del Levítico exhorta a honrar al conciudadano, mientras en otros textos se encuentra una enseñanza que también invita al respeto —por no decir incluso al amor— del enemigo: «Si encuentras perdido el buey o el asno de tu enemigo, se los llevarás inmediatamente. Si ves al asno del que te aborrece, caído bajo el peso de su carga, no lo dejarás abandonado; más aún, acudirás a auxiliarlo junto con su dueño» (*Ex* 23,4-5). De todo esto se trasluce el valor intrínseco del respeto a la persona: cualquiera, incluso el enemigo, si se encuentra en dificultad, merece siempre nuestra ayuda.

26. Es innegable que el primado de Dios en la enseñanza de Jesús va acompañado de otro punto fijo: no se puede amar a Dios sin extender el propio amor a los pobres. El amor al prójimo representa la prueba tangible de la autenticidad del amor a Dios, como asevera el apóstol Juan: «Nadie ha visto nunca a Dios: si nos amamos los unos a los otros, Dios permanece en nosotros y el amor de Dios ha llegado a su plenitud en nosotros. [...] Dios es amor, y el que permanece en el amor permanece en Dios, y Dios permanece en él» (*1 Jn* 4,12.16). Son dos amores distintos, pero

inseparables. Incluso en los casos en los que la relación con Dios no es explícita, el Señor mismo nos enseña que todo acto de amor hacia el prójimo es de algún modo un reflejo de la caridad divina: «Les aseguro que cada vez que lo hicieron con el más pequeño de mis hermanos, lo hicieron conmigo» (*Mt* 25,40).

27. Por esta razón se recomiendan las obras de misericordia, como signo de la autenticidad del culto que, mientras alaba a Dios, tiene la tarea de disponernos a la transformación que el Espíritu puede realizar en nosotros, para que seamos todos imagen de Cristo y de su misericordia hacia los más débiles. En este sentido, la relación con el Señor, que se expresa en el culto, pretende también liberarnos del riesgo de vivir nuestras relaciones en la lógica del cálculo y del interés, para abrirnos a la gratuidad que circula entre aquellos que se aman y que, por eso, ponen todo en común. A este respecto, Jesús aconseja: «Cuando des un almuerzo o una cena, no invites a tus amigos, ni a tus hermanos, ni a tus parientes, ni a los vecinos ricos, no sea que ellos te inviten a su vez, y así tengas tu recompensa. Al contrario, cuando des un banquete, invita a los pobres, a los lisiados, a los paralíticos, a los ciegos. ¡Feliz de ti, porque ellos no tienen cómo retribuirte!» (*Lc* 14,12-14).

28. La llamada del Señor a la misericordia para con los pobres ha encontrado una expresión plena

en la gran parábola del juicio final (cf. *Mt* 25,31-46), que es también una descripción gráfica de la bienaventuranza de los misericordiosos. Allí el Señor nos ofrece la clave para alcanzar nuestra plenitud, porque «si buscamos esa santidad que agrada a los ojos de Dios, en este texto hallamos precisamente un protocolo sobre el cual seremos juzgados».[16] Las palabras fuertes y claras del Evangelio deberían ser vividas «sin comentario, sin elucubraciones y excusas que les quiten fuerza. El Señor nos dejó bien claro que la santidad no puede entenderse ni vivirse al margen de estas exigencias suyas».[17]

29. En la primera comunidad cristiana el programa de caridad no derivaba de análisis o de proyectos, sino directamente del ejemplo de Jesús, de las mismas palabras del Evangelio. La Carta de Santiago dedica mucho espacio al problema de la relación entre ricos y pobres, lanzando a los creyentes dos enérgicos llamados que cuestionan su fe: «¿De qué le sirve a uno, hermanos míos, decir que tiene fe, si no tiene obras? ¿Acaso esa fe puede salvarlo? ¿De qué sirve si uno de ustedes, al ver a un hermano o una hermana desnudos o sin el alimento necesario, les dice: "Vayan en paz, caliéntense y coman", y no les da lo que necesitan para su cuerpo? Lo mismo pasa con la fe: si no va acompañada de las obras, está completamente muerta» (*St* 2,14-17).

---

[16] ID., Exhort. ap. *Gaudete et exsultate* (19 marzo 2018), 95: *AAS* 110 (2018), 1137.

[17] *Ibíd.*, 97: *AAS* 110 (2018), 1137.

30. «Su oro y su plata se han herrumbrado, y esa herrumbre dará testimonio contra ustedes y devorará sus cuerpos como un fuego. ¡Ustedes han amontonado riquezas, ahora que es el tiempo final! Sepan que el salario que han retenido a los que trabajaron en sus campos está clamando, y el clamor de los cosechadores ha llegado a los oídos del Señor del universo. Ustedes llevaron en este mundo una vida de lujo y de placer, y se han cebado a sí mismos para el día de la matanza» (*St* 5,3-5). ¡Qué fuerza tienen estas palabras, aunque prefiramos hacernos los sordos! En la Primera Carta de san Juan encontramos una exhortación parecida: «Si alguien vive en la abundancia, y viendo a su hermano en la necesidad, le cierra su corazón, ¿cómo permanecerá en él el amor de Dios?» (*1 Jn* 3,17).

31. Lo que dice la Palabra revelada «es un mensaje tan claro, tan directo, tan simple y elocuente, que ninguna hermenéutica eclesial tiene derecho a relativizarlo. La reflexión de la Iglesia sobre estos textos no debería oscurecer o debilitar su sentido exhortativo, sino más bien ayudar a asumirlos con valentía y fervor. ¿Para qué complicar lo que es tan simple? Los aparatos conceptuales están para favorecer el contacto con la realidad que pretenden explicar, y no para alejarnos de ella».[18]

32. Por otra parte, un claro ejemplo eclesial de compartir los bienes y asistir a los pobres lo en-

---

[18] Id., Exhort. ap. *Evangelii gaudium* (24 noviembre 2013), 194: *AAS* 105 (2013), 1101.

contramos en la vida cotidiana y en el estilo de la primera comunidad cristiana. Podemos recordar en particular el modo en el que fue resuelta la cuestión de la distribución cotidiana de ayuda a las viudas (cf. *Hch* 6,1-6). Se trataba de un problema difícil de resolver, porque algunas de estas viudas, que provenían de otros países, eran desatendidas por ser extranjeras. De hecho, el episodio relatado por los Hechos de los Apóstoles pone de manifiesto un cierto descontento por parte de los helenistas, que eran judíos de cultura griega. Los apóstoles no responden con un discurso doctrinal abstracto, sino que, volviendo a poner en el centro la caridad hacia todos, reorganizan la asistencia a las viudas pidiendo a la comunidad que busquen personas sabias y estimadas a quienes confiar el servicio de las mesas, mientras ellos se ocupaban de la predicación de la Palabra.

33. Cuando Pablo fue a Jerusalén a consultar a los apóstoles para asegurarse de «que no corría o no había corrido en vano» (*Ga* 2,2), le pidieron que no se olvidase de los pobres (cf. *Ga* 2,10). Por esta razón, organizó varias colectas para ayudar a las comunidades necesitadas. Entre las motivaciones que ofrece para este gesto se debe resaltar la siguiente: «Dios ama al que da con alegría» (*2 Co* 9,7). A aquellos entre nosotros que somos poco propensos a gestos gratuitos, sin ningún interés, la Palabra de Dios nos indica que la generosidad para con los pobres es un verdadero bien para quien la practica; de hecho, comportándo-

nos así, somos amados por Dios de modo especial. En efecto, las promesas bíblicas dirigidas a quien da con generosidad son muchas: «El que se apiada del pobre presta al Señor, y él le devolverá el bien que hizo» (*Pr* 19,17). «Den, y se les dará. [...] Porque la medida con que ustedes midan también se usará para ustedes» (*Lc* 6,38). «Entonces despuntará tu luz como la aurora y tu llaga no tardará en cicatrizar» (*Is* 58,8). Los primeros cristianos estaban convencidos de ello.

34. La vida de las primeras comunidades eclesiales, narrada en el canon bíblico y que ha llegado a nosotros como Palabra revelada, se nos ofrece como ejemplo a imitar y como testimonio de la fe que obra por medio de la caridad, y que continúa como exhortación permanente para las generaciones venideras. A lo largo de los siglos, estas páginas han interpelado los corazones de los cristianos a amar y a realizar obras de caridad, como semillas fecundas que no cesan de producir fruto.

CAPÍTULO TERCERO

UNA IGLESIA PARA LOS POBRES

35. Tres días después de su elección, mi predecesor expresó a los representantes de los medios de comunicación su deseo de que la Iglesia mostrara más claramente su cuidado y atención hacia los pobres: «¡Ah, cómo quisiera una Iglesia pobre y para los pobres!».[19]

36. Este deseo refleja la conciencia de que la Iglesia «reconoce en los pobres y en los que sufren la imagen de su Fundador pobre y paciente, se esfuerza en remediar sus necesidades y procura servir en ellos a Cristo».[20] En efecto, habiendo sido llamada a configurarse con los últimos, en ella «no deben quedar dudas ni caben explicaciones que debiliten este mensaje tan claro [...]. Hay que decir sin vueltas que existe un vínculo inseparable entre nuestra fe y los pobres».[21] A este respecto, tenemos abundantes testimonios a lo largo de los

---

[19] Francisco, *Encuentro con los representantes de los medios de comunicación* (16 marzo 2013): *AAS* 105 (2013), 381.

[20] Conc. Ecum. Vaticano II, Const. dogm. *Lumen gentium*, 8.

[21] Francisco, Exhort. ap. *Evangelii gaudium* (24 noviembre 2013), 48: *AAS* 105 (2013), 1040.

casi dos mil años de historia de los discípulos de Jesús.[22]

La verdadera riqueza de la Iglesia

37. San Pablo refiere que entre los fieles de la naciente comunidad cristiana no había «muchos sabios, ni muchos poderosos, ni muchos nobles» (*1 Co* 1,26). Sin embargo, a pesar de su propia pobreza, los primeros cristianos tienen clara conciencia de la necesidad de acudir a aquellos que sufren mayores privaciones. Ya en los albores del cristianismo los apóstoles impusieron las manos sobre siete hombres elegidos por la comunidad y, en cierta medida, los integraron en su propio ministerio, instituyéndolos para el servicio —en griego, *diakonía*— de los más pobres (cf. *Hch* 6,1-5). Es significativo que el primer discípulo en dar testimonio de su fe en Cristo con el derramamiento de su propia sangre fuera san Esteban, que formaba parte de este grupo. En él se unen el testimonio de vida en la atención a los necesitados y el martirio.

38. Poco más de dos siglos después, otro diácono manifestará su adhesión a Jesucristo en modo semejante, uniendo en su vida el servicio a los po-

---

[22] En este capítulo propondremos algunos de estos ejemplos de santidad, que no pretenden ser exhaustivos, sino indicativos del cuidado de los pobres que siempre ha caracterizado la presencia de la Iglesia en el mundo. Una reflexión detallada sobre la historia de esta atención eclesial a los más pobres se encuentra en el libro de V. Paglia, *Storia della povertà*, Milán 2014.

bres y el martirio: san Lorenzo.[23] Del relato de san Ambrosio comprendemos que Lorenzo, diácono en Roma en el pontificado del Papa Sixto II, al ser obligado por las autoridades romanas a entregar los tesoros de la Iglesia, «al día siguiente trajo consigo a los pobres. Cuando le preguntaron dónde estaban los tesoros que había prometido, les mostró a los pobres, diciendo: "Estos son los tesoros de la Iglesia"».[24] Al narrar este episodio, Ambrosio pregunta: «¿Qué mejores tesoros tendría Cristo que aquellos en los que él mismo dijo que estaba?».[25] Y, recordando que los ministros de la Iglesia nunca deben descuidar el cuidado de los pobres y, menos aún, acumular bienes en beneficio propio, afirma: «Es necesario que cada uno de nosotros cumpla con esta obligación con fe sincera y providencia perspicaz. Sin duda, si alguien desvía algo para su propio beneficio, eso es un delito; pero si lo da a los pobres, si rescata al cautivo, eso es misericordia».[26]

LOS PADRES DE LA IGLESIA Y LOS POBRES

39. Desde los primeros siglos, los Padres de la Iglesia reconocieron en el pobre un acceso privilegiado a Dios, un modo especial para encontrarlo. La

---

[23] Cf. S. AMBROSIO, *De officiis ministrorum* I, cap. 41, 205-206: *CCSL* 15, Turnhout 2000, 76-77; II, cap. 28, 140-143: *CCSL* 15, 148-149.

[24] *Ibíd.* II, cap. 28, 140: *CCSL* 15, 148.

[25] *Ibíd.*

[26] *Ibíd.* II, cap. 28, 142: *CCSL* 15, 148.

caridad hacia los necesitados no se entendía como una simple virtud moral, sino como expresión concreta de la fe en el Verbo encarnado. La comunidad de fieles, sostenida por la fuerza del Espíritu Santo, se encuentra arraigada en la cercanía a los pobres, que en ella no son un apéndice, sino parte esencial de su cuerpo vivo. San Ignacio de Antioquía, por ejemplo, camino del martirio, exhortaba a los fieles de la comunidad de Esmirna a no descuidar el deber de la caridad para con los más necesitados, advirtiéndoles que no procedieran como los que se oponían a Dios: «Considerad a los que tienen una opinión diferente sobre la gracia de Jesucristo, que vino a nosotros: ¡cómo se oponen al pensamiento de Dios! No se preocupan por el amor, ni por la viuda, ni por el huérfano, ni por el oprimido, ni por el prisionero o el liberto, ni por el hambriento o el sediento».[27] El obispo de Esmirna, Policarpo, recomendaba precisamente a los ministros de la Iglesia que cuidaran de los pobres: «Los presbíteros también sean compasivos, misericordiosos con todos. Traigan de vuelta a los descarriados, visiten a todos los enfermos, no descuiden a la viuda, al huérfano y al pobre, sino que sean siempre solícitos en el bien ante Dios y los hombres».[28] A partir de estos dos testimonios, constatamos que la Iglesia aparece como madre de los pobres, lugar de acogida y de justicia.

---

[27] S. Ignacio de Antioquía, *Epistula ad Smyrnaeos*, 6, 2: *SCh* 10bis, París 2007, 136-138.

[28] S. Policarpo, *Epistula ad Philippenses*, 6, 1: *SCh* 10bis, 186.

40. San Justino, por su parte, en su primera Apología, dirigida al emperador Adriano, al Senado y al pueblo romano, explicaba que los cristianos llevaban a los necesitados todo lo que podían, porque veían en ellos hermanos y hermanas en Cristo. Al escribir sobre la asamblea de oración del primer día de la semana, destacaba que, en el centro de la liturgia cristiana, no se puede separar el culto a Dios de la atención a los pobres. En efecto, en un momento determinado de la celebración, «los que tienen algo y quieren, cada uno según su libre voluntad, dan lo que les parece bien, y lo que se ha recogido se entrega al presidente. Él lo distribuye a los huérfanos y viudas, a los que por enfermedad u otra causa están necesitados, a los que están en las cárceles, a los extranjeros de paso, en una palabra, se convierte en el proveedor de todos los que se encuentran indigentes».[29] Así, se da testimonio de que la Iglesia naciente no separaba el creer de la acción social: la fe que no iba acompañada del testimonio de las obras, como había enseñado Santiago, se consideraba muerta (cf. *St* 2,17).

San Juan Crisóstomo

41. Entre los Padres orientales, quizá el predicador más ardiente de la justicia social sea san Juan Crisóstomo, arzobispo de Constantinopla entre los siglos IV y V. En sus homilías, exhortaba a

---

[29] S. Justino, *Apologia prima*, 67, 6-7: *SCh* 507, París 2006, 310.

los fieles a reconocer a Cristo en los necesitados: «¿Quieres honrar el Cuerpo de Cristo? No permitas que sea despreciado en sus miembros, es decir, en los pobres que no tienen qué vestir, ni lo honres aquí en el templo con vestiduras de seda, mientras fuera lo abandonas al frío y a la desnudez [...]. En el templo, el Cuerpo de Cristo no necesita mantos, sino almas puras; pero en la persona de los pobres, Él necesita todo nuestro cuidado. Aprendamos, pues, a reflexionar y a honrar a Cristo como Él quiere. Cuando queremos honrar a alguien, debemos prestarle el honor que él prefiere y no el que más nos gusta [...]. Así también tú debes prestarle el honor que Él mismo ha ordenado, distribuyendo tus riquezas entre los pobres. Dios no necesita vasos de oro, sino almas de oro».[30] Afirmando con claridad meridiana que si los fieles no encuentran a Cristo en los pobres a su puerta, tampoco lo encontrarán en el altar, continúa: «¿De qué serviría, al fin y al cabo, adornar la mesa de Cristo con vasos de oro, si Él muere de hambre en la persona de los pobres? Primero da de comer al que tiene hambre y luego adorna su mesa con lo que sobra».[31] Entendía la Eucaristía, por tanto, también como una expresión sacramental de la caridad y la justicia que la precedían, la acompañaban y debían darle continuidad en el amor y la atención a los pobres.

---

[30] S. JUAN CRISÓSTOMO, *Homiliae in Matthaeum*, 50, 3: *PG* 58, París 1862, 508.

[31] *Ibíd.*, 50, 4: *PG* 58, 509.

42. Así pues, la caridad no es una vía opcional, sino el criterio del verdadero culto. Crisóstomo denunciaba con vehemencia el lujo exacerbado, que convivía con la indiferencia hacia los pobres. La atención que se les debe prestar, más que una mera exigencia social, es una condición para la salvación, lo que atribuye a la riqueza injusta un peso de condena: «Hace mucho frío y el pobre yace en harapos, moribundo y helado, castañeteando los dientes, con un aspecto y un atuendo que deberían conmoverte. Tú, sin embargo, calentito y ebrio, pasas de largo. ¿Y cómo quieres que Dios te libre de la infelicidad? [...] A menudo adornas con muchas vestiduras variadas y doradas un cadáver insensible, que ya no percibe el honor. Sin embargo, desprecias a aquel que siente dolor, que está desgarrado, torturado, atormentado por el hambre y el frío, y te preocupa más la vanagloria que el temor de Dios».[32] Este profundo sentido de la justicia social le lleva a afirmar que «no dar a los pobres es robarles, es defraudarles la vida, porque lo que poseemos les pertenece».[33]

San Agustín

43. Agustín tuvo como maestro espiritual a san Ambrosio, que insistía en la exigencia ética de compartir los bienes: «Lo que das al pobre no es tuyo, es suyo. Porque te has apropiado de lo que

---

[32] ID., *Homilia in Epistula ad Hebraeos,* 11, 3: *PG* 63, París 1862, 94.
[33] ID., *Homilia II De Lazaro,* 6: *PG* 48, París 1862, 992.

fue dado para uso común».[34] Para el obispo de Milán, la limosna es justicia restaurada, no un gesto paternalista. En sus sermones, la misericordia adquiere un carácter profético: denuncia las estructuras de acumulación y reafirma la comunión como vocación eclesial.

44. Formado en esta tradición, el santo obispo de Hipona enseñó a su vez el amor preferencial por los pobres. Pastor vigilante y teólogo de rara clarividencia, comprendió que la verdadera comunión eclesial se expresa también en la comunión de los bienes. En sus Comentarios a los Salmos, recuerda que los verdaderos cristianos no dejan de lado el amor a los más necesitados: «Atended a vuestros hermanos, si necesitan algo; dad, si Cristo está en vosotros, incluso a los extranjeros».[35] Este compartir los bienes brota, por tanto, de la caridad teologal y tiene como fin último el amor a Cristo. Para Agustín, el pobre no es sólo alguien a quien se ayuda, sino la presencia sacramental del Señor.

45. El Doctor de la Gracia veía en el cuidado a los pobres una prueba concreta de la sinceridad de la fe. Quien dice amar a Dios y no se compadece de los necesitados, miente (cf. *1 Jn* 4,20). Al comentar el encuentro de Jesús con el joven rico

---

[34] S. AMBROSIO, *De Nabuthae*, 12, 53: *CSEL* 32/2, Praga-Viena-Leipzig 1897, 498.

[35] S. AGUSTÍN, *Enarrationes in Psalmos*, 125, 12: *CSEL* 95/3, Viena 2001, 181.

y el «tesoro en el cielo» que está reservado a quienes dan sus bienes a los pobres (cf. *Mt* 19,21), Agustín pone en boca del Señor las siguientes palabras: «Recibí tierra y daré el cielo. Recibí cosas temporales y daré a cambio bienes eternos. Recibí pan, daré la vida. […] He recibido alojamiento y daré una casa. He sido visitado en la enfermedad y daré salud. Fui visitado en la cárcel y daré libertad. El pan que se dio a mis pobres se consumió; el pan que yo daré restaura las fuerzas, sin acabarse nunca».[36] El Altísimo no se deja vencer en generosidad por aquellos que le sirven en los más necesitados; cuanto mayor es el amor a los pobres, mayor es la recompensa por parte de Dios.

46. Esta mirada cristocéntrica y profundamente eclesial lleva a sostener que las ofrendas, cuando nacen del amor, no sólo alivian la necesidad del hermano, sino que también purifican el corazón de quien da y está dispuesto a la conversión, «pues las limosnas pueden servirte para redimir los pecados de la vida pasada, si cambias de vida».[37] Son, por así decirlo, el camino ordinario de conversión de quien desea seguir a Cristo con corazón indiviso.

47. En una Iglesia que reconoce en los pobres el rostro de Cristo y en los bienes el instrumento

---

[36] Id., *Sermo LXXXVI*, 5: *CCSL* 41Ab, Turnhout 2019, 411-412.

[37] Pseudoagustín, *Sermo CCCLXXXVIII*, 2: *PL* 39, París 1862, 1700.

de la caridad, el pensamiento agustiniano sigue siendo una luz segura. Hoy, la fidelidad a las enseñanzas de Agustín exige no sólo el estudio de sus obras, sino la disposición a vivir con radicalidad su llamada a la conversión, que incluye necesariamente el servicio de la caridad.

48. Muchos otros Padres de la Iglesia, tanto orientales como occidentales, se pronunciaron sobre la primacía de la atención a los pobres en la vida y misión de cada fiel cristiano. Sobre este aspecto, en resumen, se puede afirmar que la teología patrística fue práctica, apuntando a una Iglesia pobre y para los pobres, recordando que el Evangelio sólo se anuncia bien cuando llega a tocar la carne de los últimos, y advirtiendo que el rigor doctrinal sin misericordia es una palabra vacía.

Cuidar a los enfermos

49. La compasión cristiana se ha manifestado de manera peculiar en el cuidado de los enfermos y los que sufren. A partir de los signos presentes en el ministerio público de Jesús —que curaba a ciegos, leprosos y paralíticos—, la Iglesia entiende como parte importante de su misión el cuidado de los enfermos, en los que con facilidad reconoce al Señor crucificado. San Cipriano, durante una peste en la ciudad de Cartago, donde era obispo, recordaba a los cristianos la importancia del cuidado de los infectados al afirmar: «Esta epidemia que parece tan horrible y funesta pone a prueba

la justicia de cada uno y examina el espíritu de los hombres, verificando si los sanos sirven a los enfermos, si los parientes se aman sinceramente, si los señores tienen piedad de los siervos enfermos, si los médicos no abandonan a los enfermos que imploran».[38] La tradición cristiana de visitar a los enfermos, de lavar sus heridas, de consolar a los afligidos no se reduce a una mera obra de filantropía, sino que es una acción eclesial a través de la cual, en los enfermos, los miembros de la Iglesia «tocan la carne sufriente de Cristo».[39]

50. En el siglo XVI, san Juan de Dios, al fundar la Orden Hospitalaria que lleva su nombre, creó hospitales modelo que acogían a todos, independientemente de su condición social o económica. Su famosa expresión "¡Haced el bien, hermanos!" se convirtió en el lema de la caridad activa con los enfermos. Contemporáneamente, san Camilo de Lelis fundó la Orden de los Ministros de los Enfermos —los camilos—, asumiendo como misión servir a los enfermos con total dedicación. Su regla ordena que «cada uno solicite al Señor la gracia de tener un afecto maternal hacia su prójimo para poderlo servir con todo amor caritativo, en el alma y el cuerpo; porque deseamos —con la gracia de Dios— servir a todos los enfermos con el mismo afecto que una madre amorosa suele

---

[38] S. Cipriano, *De mortalitate*, 16: *CCSL* 3A, Turnhout 1976, 25.
[39] Francisco, *Mensaje para la XXX Jornada Mundial del Enfermo* (10 diciembre 2021), 3: *AAS* 114 (2022), 51.

asistir a su único hijo enfermo».[40] En hospitales, campos de batalla, prisiones y calles, los camilos encarnaron la misericordia de Cristo Médico.

51. Cuidando a los enfermos con cariño maternal, como una madre cuida de su hijo, muchas mujeres consagradas desempeñaron un papel aún más difundido en la atención sanitaria de los pobres. Las Hijas de la Caridad de San Vicente de Paúl, las Hermanas Hospitalarias, las Pequeñas Siervas de la Divina Providencia y tantas otras Congregaciones femeninas se convirtieron en una presencia maternal y discreta en los hospitales, asilos y residencias de ancianos. Llevaban medicinas, escucha, presencia y, sobre todo, ternura. Construyeron, a menudo con sus propias manos, estructuras sanitarias en zonas sin asistencia médica. Enseñaban higiene, atendían partos, medicaban con sabiduría natural y fe profunda. Sus casas se convertían en oasis de dignidad donde nadie era excluido. El toque de la compasión era el primer remedio. Santa Luisa de Marillac escribía a sus hermanas, las Hijas de la Caridad, recordándoles que habían «recibido una bendición especial de Dios para servir a los pobres enfermos en los hospitales».[41]

---

[40] S. Camilo de Lelis, *Reglas de la Compañía de los Ministros de los Enfermos*, 27: M. Vanti (ed.), *Scritti di San Camillo de Lellis*, Milán 1965, 67.

[41] Sta. Luisa de Marillac, *Carta a las Hermanas Claude Carré y Marie Gaudoin* (28 noviembre 1657): E. Charpy (ed.), *Sainte Louise de Marillac. Écrits*, París 1983, 576.

52. Hoy, ese legado continúa en los hospitales católicos, los puestos de salud en las regiones periféricas, las misiones sanitarias en las selvas, los centros de acogida para toxicómanos y los hospitales de campaña en las zonas de guerra. La presencia cristiana junto a los enfermos revela que la salvación no es una idea abstracta, sino una acción concreta. En el gesto de limpiar una herida, la Iglesia proclama que el Reino de Dios comienza entre los más vulnerables. Y, al hacerlo, permanece fiel a Aquel que dijo: «Estaba [...] enfermo, y me visitaron» (*Mt* 25,35.36). Cuando la Iglesia se arrodilla junto a un leproso, a un niño desnutrido o a un moribundo anónimo, realiza su vocación más profunda: amar al Señor allí donde Él está más desfigurado.

El cuidado de los pobres en la vida monástica

53. La vida monástica, nacida en el silencio de los desiertos, fue desde sus inicios un testimonio de solidaridad. Los monjes lo dejaban todo —riqueza, prestigio, familia— no sólo por despreciar las riquezas del mundo —*contemptus mundi*—, sino para encontrar, en este despojo radical, al Cristo pobre. San Basilio Magno, en su Regla, no veía contradicción entre la vida de oración y recogimiento de los monjes y la acción en favor de los pobres. Para él, la hospitalidad y el cuidado de los necesitados eran parte integrante de la espiritualidad monástica, y los monjes, incluso

después de haberlo dejado todo para abrazar la pobreza, debían ayudar a los más pobres con su trabajo, ya que «para poder socorrer a los necesitados, es evidente que debemos trabajar con diligencia [...]. Este modo de vida es provechoso no sólo para someter el cuerpo, sino también por la caridad hacia el prójimo, para que, por medio de nosotros, Dios provea lo suficiente a los hermanos más débiles».[42]

54. Construyó en Cesarea, donde era obispo, un lugar conocido como Basilíades, que incluía alojamientos, hospitales y escuelas para los pobres y los enfermos. El monje, por lo tanto, no era sólo un asceta, sino un servidor. Basilio demostraba así que para estar cerca de Dios hay que estar cerca de los pobres. El amor concreto era criterio de santidad. Orar y cuidar, contemplar y curar, escribir y acoger: todo era expresión del mismo amor a Cristo.

55. En Occidente, san Benito de Nursia elaboró una Regla que se convertiría en la columna vertebral de la espiritualidad monástica europea. En ella, la acogida de los pobres y los peregrinos ocupa un lugar de honor: «Mostrad sobre todo un cuidado solícito en la recepción de los pobres y los peregrinos, porque sobre todo en ellos se recibe a Cristo».[43] No se trataba sólo de palabras: los

---

[42] S. Basilio Magno, *Regulae fusius tractatae*, 37, 1: *PG* 31, París 1857, 1009 C-D.

[43] *Regula Benedicti*, 53, 15: *SCh* 182, París 1972, 614.

monasterios benedictinos fueron, durante siglos, lugares de refugio para viudas, niños abandonados, peregrinos y mendigos. Para Benito, la vida comunitaria era una escuela de caridad. El trabajo manual no sólo tenía una función práctica, sino que también formaba el corazón para el servicio. El compartir entre los monjes, la atención a los enfermos y la escucha de los más frágiles preparaban para acoger a Cristo, que llega en la persona del pobre y el extranjero. La hospitalidad monástica benedictina permanece hasta hoy como signo de una Iglesia que abre las puertas, que acoge sin preguntar, que cura sin exigir nada a cambio.

56. Los monasterios benedictinos, con el tiempo, se convirtieron en lugares que contrastaban la cultura de la exclusión. Los monjes cultivaban la tierra, producían alimentos, preparaban medicinas y los ofrecían, con sencillez, a los más necesitados. Su trabajo silencioso fue fermento de una nueva civilización, donde los pobres no eran un problema que resolver, sino hermanos y hermanas que acoger. La regla del compartir, del trabajo común y de la asistencia a los vulnerables estructuraba una economía solidaria, en contraste con la lógica de la acumulación. El testimonio de los monjes mostraba que la pobreza voluntaria, lejos de ser miseria, es camino de libertad y comunión. No sólo ayudaban a los pobres: se hacían cercanos a ellos, hermanos en el mismo Señor. En las celdas y claustros se formaba una mística de la presencia de Dios en los pequeños.

57. Además de la asistencia material, los monasterios desempeñaron un papel fundamental en la formación cultural y espiritual de los más humildes. En tiempos de peste, guerra o hambre, eran lugares donde el necesitado encontraba pan y remedios, pero también dignidad y palabra. Allí se educaba a los huérfanos, se formaba a los aprendices y se instruía a los campesinos en técnicas agrícolas y en la lectura. El saber se compartía como don y responsabilidad. El abad era a la vez maestro y padre, y la escuela monástica era un lugar de liberación por la verdad. Porque, como escribe Juan Casiano, el monje debe caracterizarse por «la humildad de corazón [...], que no conduce a la ciencia que hincha, sino a la que ilumina por medio de la plenitud de la caridad».[44] Al formar conciencias y transmitir sabiduría, los monjes contribuyeron a una pedagogía cristiana de inclusión. La cultura, marcada por la fe, se compartía con sencillez. El saber, cuando está iluminado por la caridad, se convierte en servicio. De ese modo, la vida monástica se revelaba como un estilo de santidad y una forma concreta de transformación de la sociedad.

58. La tradición monástica enseña, por tanto, que la oración y la caridad, el silencio y el servicio, las celdas y los hospitales, forman un único tejido espiritual. El monasterio es lugar de escucha y de acción, de adoración y de compartir. San Ber-

---

[44] S. Juan Casiano, *Collationes* XIV, 10: *CSEL* 13, Viena 2004, 410.

nardo de Claraval, gran reformador de la Orden Cisterciense, «reclamó con decisión la necesidad de una vida sobria y moderada, tanto en la mesa como en la indumentaria y en los edificios monásticos, recomendando la sustentación y la solicitud por los pobres».[45] Para él, la compasión no era una opción accesoria, sino el camino real para seguir a Cristo. La vida monástica, por lo tanto, cuando es fiel a su vocación original, muestra que la Iglesia sólo será plenamente esposa del Señor cuando sea también hermana de los pobres. El claustro no es un mero refugio del mundo, sino una escuela en la que se aprende a servirlo mejor. Allí donde los monjes abrieron sus puertas a los pobres, la Iglesia reveló con humildad y firmeza que la contemplación no excluye la misericordia, sino que la exige como su fruto más puro.

Liberar a los cautivos

59. Desde los tiempos apostólicos, la Iglesia ha visto en la liberación de los oprimidos un signo del Reino de Dios. Jesús mismo, al iniciar su misión pública, proclamó: «El Espíritu del Señor está sobre mí, porque me ha consagrado por la unción. Él me envió a llevar la Buena Noticia a los pobres, a anunciar la liberación a los cautivos» (*Lc* 4,18). Los primeros cristianos, incluso

---

[45] Benedicto XVI, *Catequesis* (21 octubre 2009): *L'Osservatore Romano*, ed. semanal en lengua española, 23 octubre 2009, 32.

en condiciones precarias, rezaban y asistían a los hermanos y hermanas encarcelados, como atestiguan los Hechos de los Apóstoles (cf. 12,5; 24,23) y diversos escritos de los Padres. Esta misión liberadora se prolongó a lo largo de los siglos mediante acciones concretas, especialmente cuando el drama de la esclavitud y el cautiverio marcó sociedades enteras.

60. Entre finales del siglo XII y principios del XIII, cuando muchos cristianos eran capturados en el Mediterráneo o esclavizados en las guerras, surgieron dos Órdenes religiosas: la Orden de la Santísima Trinidad, Redención de Cautivos (trinitarios), fundada por san Juan de Mata y san Félix de Valois, y la Orden de la Bienaventurada Virgen María de la Merced (mercedarios), fundada por san Pedro Nolasco con el apoyo de san Raimundo de Peñafort, dominico. Estas comunidades de consagrados nacieron con el carisma específico de liberar a los cristianos esclavizados, poniendo a disposición sus bienes[46] y a menudo ofreciendo su propia vida a cambio. Los trinitarios, con el lema

---

[46] Cf. Inocencio III, Bula *Operante divinae dispositionis – Regla Primitiva de los Trinitarios* (17 diciembre 1198), 2: J. L. Aurrecoechea – A. Moldón (eds.), *Fuentes históricas de la Orden Trinitaria (s. XII-XV)*, Córdoba 2003, 6-7: «Todos los bienes, de dondequiera que lícitamente provengan, los dividan en tres partes iguales; y en la medida en que dos partes sean suficientes, se lleven a cabo con ellas obras de misericordia, junto con un moderado sustento de sí mismos y de los que por necesidad están a su servicio. En cambio, la tercera parte se reserve para la redención de los cautivos a causa de su fe en Cristo».

Gloria Tibi Trinitas et captivis libertas (Gloria a Ti, Trinidad, y a los cautivos libertad), y los mercedarios, que añaden un cuarto voto[47] a los votos religiosos de pobreza, obediencia y castidad, dieron testimonio de que la caridad puede ser heroica. La liberación de los cautivos era expresión del amor trinitario: un Dios que libera no sólo de la esclavitud espiritual, sino también de la opresión concreta. El gesto de rescatar de la esclavitud y de la prisión se considera una prolongación del sacrificio redentor de Cristo, cuya sangre es el precio de nuestro rescate (cf. *1 Co* 6,20).

61. La espiritualidad original de estas Órdenes estaba profundamente arraigada en la contemplación de la cruz. Cristo es el Redentor de los cautivos por excelencia, y la Iglesia, su cuerpo, prolonga este misterio en el tiempo.[48] Los reli-

---

[47] Cf. *Constituciones de la Orden de los Mercedarios*, n. 14: Orden de la Bienaventurada Virgen María de la Merced, *Regla y Constituciones*, Roma 2014, 53: «Para cumplir esta misión, impulsados por la caridad, nos consagramos a Dios con un voto particular, llamado de Redención, en virtud del cual prometemos dar la vida como Cristo la dio por nosotros, si fuere necesario, para salvar a los cristianos que se encuentran en extremo peligro de perder su fe, en las nuevas formas de cautividad».

[48] Cf. S. Juan Bautista de la Concepción, *La regla de la Orden de la Santísima Trinidad*, XX, 1: *BAC Maior* 60, Madrid 1999, 90: «Y en esto son los pobres y cautivos semejantes a Cristo, en quien el mundo arroja sus penas [...]. A éstos esta santa Religión de la Santísima Trinidad llama y convida que vengan a beber del agua del Salvador, que es decir que, por haberse Cristo puesto en la cruz a ser salud y salvador de los hombres, ella ha cogido de aquella salud y la quiere dar y repartir a los pobres y salvar y librar a los cautivos».

giosos no veían en el rescate una acción política o económica, sino un acto casi litúrgico, una ofrenda sacramental de sí mismos. Muchos entregaron sus propios cuerpos para sustituir a los prisioneros, cumpliendo literalmente el mandamiento: «No hay amor más grande que dar la vida por los amigos» (*Jn* 15,13). La tradición de estas Órdenes no cesó. Al contrario, inspiró nuevas formas de acción frente a las esclavitudes modernas: la trata de personas, el trabajo forzoso, la explotación sexual, las distintas adicciones.[49] La caridad cristiana, cuando se encarna, se convierte en liberadora. Y la misión de la Iglesia, cuando es fiel a su Señor, es siempre proclamar la liberación. Aún en nuestros días, en los que existen «millones de personas —niños, hombres y mujeres de todas las edades— privados de su libertad y obligados a vivir en condiciones similares a la esclavitud»,[50] dicha herencia es continuada por estas Órdenes y por otras Instituciones y Congregaciones que actúan en las periferias urbanas, las zonas de conflicto y los corredores migratorios. Cuando la Iglesia se arrodilla para romper las nuevas cadenas que aprisionan a los pobres, se convierte en signo de la Pascua.

---

[49] Cf. ID., *El recogimiento interior*, XL, 4: *BAC Maior* 48, Madrid 1995, 689: «El libre albedrío al hombre le hace señor y libre entre todas las criaturas, pero ¡ay, buen Dios!, cuántos más son los que por ese camino son esclavos y cautivos del demonio, presos y aherrojados de sus pasiones y apetitos desordenados».

[50] FRANCISCO, *Mensaje para la XLVIII Jornada Mundial de la Paz* (8 diciembre 2014), 3: *AAS* 107 (2015), 69.

62. No se puede concluir esta reflexión sobre las personas privadas de libertad sin mencionar a los reclusos que se encuentran en los distintos centros penitenciarios de preventivos y de penados. A este respecto, cabe recordar las palabras que el Papa Francisco dirigió a un grupo de ellos: «Para mí, entrar en una cárcel es siempre un momento importante, porque la cárcel es un lugar de gran humanidad [...]. De humanidad probada, a veces fatigada por dificultades, sentimientos de culpa, juicios, incomprensiones, sufrimientos, pero al mismo tiempo cargada de fuerza, de deseo de perdón, de deseo de rescate».[51] Este deseo, entre otros, también fue asumido por las Órdenes redentoras como un servicio preferencial a la Iglesia. Como proclamaba san Pablo: «Esta es la libertad que nos ha dado Cristo» (*Ga* 5,1). Y esa libertad no es sólo interior: se manifiesta en la historia como amor que cuida y libera de todas las ataduras.

TESTIGOS DE LA POBREZA EVANGÉLICA

63. En el siglo XIII, ante el crecimiento de las ciudades, la concentración de riquezas y la aparición de nuevas formas de pobreza, el Espíritu Santo suscitó en la Iglesia un nuevo tipo de consagración: las Órdenes mendicantes. A diferencia

---

[51]   Id., *Encuentro con los agentes de la policía penitenciaria, los detenidos y los voluntarios de la cárcel de Montorio* (Verona, 18 de mayo de 2024): *AAS* 116 (2024), 766.

del modelo monástico estable, los mendicantes adoptaron una vida itinerante, sin propiedades personales ni comunitarias, confiando plenamente en la Providencia. No sólo servían a los pobres: se hacían pobres con ellos. Consideraban la ciudad como un nuevo desierto y a los marginados como nuevos maestros espirituales. Estas Órdenes, como los franciscanos, los dominicos, los agustinos y los carmelitas, representaron una revolución evangélica, en la que el estilo de vida sencillo y pobre se convierte en un signo profético para la misión, reviviendo la experiencia de la primera comunidad cristiana (cf. *Hch* 4,32). El testimonio de los mendicantes desafiaba tanto la opulencia clerical como la frialdad de la sociedad urbana.

64. San Francisco de Asís se convirtió en el icono de esta primavera espiritual. Tomando la pobreza como esposa, quiso imitar al Cristo pobre, desnudo y crucificado. En su Regla, pide a los hermanos que de «nada se apropien, ni casa, ni lugar, ni cosa alguna. Y como peregrinos y forasteros en este siglo, sirviendo al Señor en pobreza y humildad, vayan por limosna confiadamente, y no deben avergonzarse, porque el Señor se hizo pobre por nosotros en este mundo».[52] Su vida fue un continuo despojarse: del palacio al leproso, de la elocuencia al silencio, de la posesión al don total. Francisco no fundó un servicio social, sino una

---

[52] Honorio III, Bula *Solet annuere* – *Regla bulada* (29 noviembre 1223), cap. VI: *SCh* 285, París 1981, 192.

fraternidad evangélica. Entre los pobres veía hermanos e imágenes vivas del Señor. Su misión era estar con ellos, por una solidaridad que superaba las distancias, por un amor compasivo. Su pobreza era relacional: lo llevaba a hacerse cercano, igual, más aún, menor. Su santidad brotaba de la convicción de que sólo se recibe verdaderamente a Cristo en la entrega generosa de sí mismo a los hermanos.

65. Santa Clara de Asís, inspirada por Francisco, fundó la Orden de las Damas Pobres, más tarde llamadas clarisas. Su lucha espiritual consistió en mantener fielmente el ideal de la pobreza radical. Rechazó los privilegios pontificios que podrían garantizar la seguridad material de su monasterio y, con firmeza, obtuvo del Papa Gregorio IX el llamado *Privilegium Paupertatis*, que garantizaba el derecho a vivir sin poseer ningún bien material.[53] Esta opción expresaba la confianza total en Dios y la conciencia de que la pobreza voluntaria era una forma de libertad y de profecía. Clara enseñaba a sus hermanas que Cristo era su única herencia y que nada debía oscurecer la comunión con Él. Su vida orante y oculta fue un grito contra la mundanidad y una defensa silenciosa de los pobres y olvidados.

---

[53] Cf. Gregorio IX, Bula *Sicut manifestum est* (17 septiembre 1228), 7: *SCh* 325, París 1985, 200: «Sicut igitur supplicastis, altissimae paupertatis propositum vestrum favore apostolico roboramus, auctoritate vobis praesentium indulgentes, ut recipere possessiones a nullo compelli possitis».

66. Santo Domingo de Guzmán, contemporáneo de Francisco, fundó la Orden de Predicadores con otro carisma, pero con la misma radicalidad. Deseaba anunciar el Evangelio con la autoridad que brota de una vida pobre, convencido de que la Verdad necesita testigos coherentes. El ejemplo de la pobreza de vida acompañaba la Palabra predicada. Libres del peso de los bienes terrenos, los frailes dominicos podían dedicarse mejor a la obra principal, es decir, a la predicación. Iban a las ciudades, sobre todo a aquellas universitarias, para enseñar la verdad de Dios.[54] Al depender de los demás, demostraban que la fe no se impone, sino que se ofrece. Y, al vivir entre los pobres, aprendían la verdad del Evangelio "desde abajo", como discípulos del Cristo humillado.

67. Las Órdenes mendicantes fueron, así, una respuesta viva a la exclusión y la indiferencia. No propusieron expresamente reformas sociales, sino una conversión personal y comunitaria a la lógica del Reino. La pobreza, en ellos, no era consecuencia de la escasez de bienes, sino una elección libre: hacerse pequeños para acoger a los pequeños. Como dijo Tomás de Celano sobre Francisco: «Se deja ver en él el primer amador de los pobres, [...] despojándose de sus vestidos, viste con ellos a los pobres, a quienes, si no todavía de hecho, sí de

---

[54] Cf. S. C. TUGWELL (ed.), *Early Dominicans. Selected Writings*, Mahwah 1982, 16-19.

todo corazón intenta asemejarse».[55] Los mendicantes se han convertido en un signo de una Iglesia peregrina, humilde y fraterna, que vive entre los pobres no por estrategia proselitista, sino por identidad. Enseñan que la Iglesia es luz sólo cuando se despoja de todo, y que la santidad pasa por un corazón humilde y volcado en los pequeños.

La Iglesia y la educación de los pobres

68. Dirigiéndose a algunos educadores, el Papa Francisco recordó que la educación ha sido siempre una de las expresiones más altas de la caridad cristiana: «La vuestra es una misión llena de obstáculos pero también de alegrías. [...] Una misión de amor, porque no se puede enseñar sin amar».[56] En este sentido, desde los primeros tiempos, los cristianos se dieron cuenta de que el saber libera, dignifica y acerca a la verdad. Para la Iglesia, enseñar a los pobres era un acto de justicia y de fe. Inspirada en el ejemplo del Maestro, que enseñaba a la gente las verdades divinas y humanas, la Iglesia asumió la misión de formar a los niños y a los jóvenes, especialmente a los más pobres, en la verdad y el amor. Esta misión tomó forma con la fundación de Congregaciones dedicadas a la educación popular.

---

[55] Tomás de Celano, *Vita Secunda – pars prima*, cap. IV, 8: *AnalFranc* 10, Florencia 1941, 135.

[56] Francisco, *Discurso después de la visita a la tumba de don Lorenzo Milani* (Barbiana, 20 de junio de 2017), 2: *AAS* 109 (2017), 745.

69. En el siglo XVI, san José de Calasanz, impresionado por la falta de instrucción y formación de los jóvenes pobres de la ciudad de Roma, en unas salas anejas a la iglesia de Santa Dorotea en el Trastevere, creó la primera escuela pública popular gratuita de Europa. Era la simiente de la que después se desarrollaría, no sin dificultades, la Orden de Clérigos Regulares Pobres de la Madre de Dios de las Escuelas Pías, llamados escolapios, con el fin de transmitir a los jóvenes «la ciencia profana, al igual que la sabiduría del Evangelio, enseñándoles a descubrir en sus acontecimientos personales y en la historia la acción amorosa de Dios creador y redentor».[57] De hecho, podemos considerar a este valiente sacerdote como «el verdadero fundador de la escuela católica moderna, que busca la formación integral del hombre y está abierta a todos».[58] Animado por la misma sensibilidad, en el siglo XVII san Juan Bautista de La Salle, dándose cuenta de la injusticia causada por la exclusión de los hijos de obreros y campesinos del sistema educativo de Francia en aquel tiempo, fundó los Hermanos de las Escuelas Cristianas, con el ideal de ofrecerles educación gratuita, una sólida formación y un ambiente fraternal. La Salle veía el aula como un lugar para el desarrollo humano,

---

[57] S. JUAN PABLO II, *Discurso a los participantes en el Capítulo General de los Clérigos Regulares Pobres de la Madre de Dios de las Escuelas Pías – Escolapios* (5 julio 1997), 2: *L'Osservatore Romano*, ed. semanal en lengua española, 11 julio 1997, 2.

[58] *Ibíd.*

pero también para la conversión. Sus escuelas combinaban la oración, el método, la disciplina y el compartir. Cada niño era considerado un don único de Dios y el acto de enseñar un servicio al Reino de Dios.

70. Ya en el siglo XIX, también en Francia, san Marcelino Champagnat fundó el Instituto de los Hermanos Maristas de las Escuelas, «sensible a las necesidades espirituales y educativas de su época, especialmente a la ignorancia religiosa y a las situaciones de abandono que vivía particularmente la juventud»,[59] dedicándose de lleno, en una época en la que el acceso a la educación era todavía privilegio de unos pocos, a la misión de educar y evangelizar a los niños y jóvenes, sobre todo a los más necesitados. Con el mismo espíritu, en Turín, san Juan Bosco inició la obra salesiana, basada en los tres principios del "sistema preventivo" —razón, religión y amor—[60] y el beato Antonio Rosmini fundó el Instituto de la Caridad, en el que la "caridad intelectual" —junto con la "material" y, en la cúspide, la "espiritual-pastoral"— se presentaba como una dimensión indispensable para cualquier acción caritativa que mirase al bien y al desarrollo integral de la persona.[61]

---

[59] Id., *Homilía durante la Santa Misa de canonización* (18 abril 1999): *AAS* 91 (1999), 930.

[60] Cf. id., Carta *Iuvenum Patris* (31 enero 1988), 9: *AAS* 80 (1988), 976.

[61] Cf. Francisco, *Discurso a los participantes en el Capítulo General del Instituto de la Caridad – Rosminianos* (1 octubre 2018): *L'Osservatore Romano*, 1-2 octubre 2018, 7.

71. Muchas Congregaciones femeninas fueron también protagonistas de esta revolución pedagógica. Las ursulinas, las monjas de la Orden de la Compañía de María Nuestra Señora, las Maestras Pías y muchas otras fundadas especialmente en los siglos XVIII y XIX ocuparon espacios donde el Estado estaba ausente. Crearon escuelas en pequeños pueblos, en los suburbios y en los barrios obreros. La educación de las niñas, en particular, se convirtió en una prioridad. Las religiosas alfabetizaban, evangelizaban, trataban de cuestiones prácticas de la vida cotidiana, elevaban el espíritu a través del cultivo de las artes y, sobre todo, formaban conciencias. Su pedagogía era sencilla: cercanía, paciencia, dulzura. Enseñaban a través de la vida, antes que con palabras. En tiempos de analfabetismo generalizado y de exclusión estructural, estas mujeres consagradas eran faros de esperanza. Su misión era formar el corazón, enseñar a pensar, promover la dignidad. Combinando una vida de piedad y dedicación al prójimo, combatieron el abandono con la ternura de quien educa en nombre de Cristo.

72. Para la fe cristiana, la educación de los pobres no es un favor, sino un deber. Los pequeños tienen derecho a la sabiduría, como exigencia básica para el reconocimiento de la dignidad humana. Enseñarles es afirmar su valor, darles las herramientas para transformar su realidad. La tradición cristiana entiende que el conocimiento es un

don de Dios y una responsabilidad comunitaria. La educación cristiana forma no sólo profesionales, sino personas abiertas al bien, a la belleza y a la verdad. Por eso, la escuela católica, cuando es fiel a su nombre, se convierte en un espacio de inclusión, formación integral y promoción humana. Así, conjugando fe y cultura, se siembra futuro, se honra la imagen de Dios y se construye una sociedad mejor.

Acompañar a los migrantes

73. La experiencia de la migración acompaña la historia del pueblo de Dios. Abraham parte sin saber adónde va; Moisés conduce a un pueblo peregrino por el desierto; María y José huyen con el Niño a Egipto. El mismo Cristo, que «vino a los suyos, y los suyos no lo recibieron» (*Jn* 1,11), vivió entre nosotros como extranjero. Por eso, la Iglesia siempre ha reconocido en los migrantes una presencia viva del Señor, que en el día del juicio dirá a los que estén a su derecha: «Estaba de paso, y me alojaron» (*Mt* 25,35).

74. En el siglo XIX, cuando millones de europeos emigraban en busca de mejores condiciones de vida, dos grandes santos se destacaron en la atención pastoral de los migrantes: san Juan Bautista Scalabrini y santa Francisca Javier Cabrini. Scalabrini, obispo de Piacenza, fundó los Misioneros de San Carlos para acompañar a los migrantes en sus comunidades de destino,

ofreciéndoles asistencia espiritual, jurídica y material. Veía en los migrantes destinatarios de una nueva evangelización, alertando sobre los riesgos de la explotación y la pérdida de la fe en tierra extranjera. Respondiendo con generosidad al carisma que el Señor le había concedido, «Scalabrini miraba más allá, miraba hacia el futuro, hacia un mundo y una Iglesia sin barreras, sin extranjeros».[62] Santa Francisca Cabrini, nacida en Italia y naturalizada estadounidense, se convirtió en la primera ciudadana de los Estados Unidos en ser canonizada. Para cumplir su misión de atender a los emigrantes, cruzó el Atlántico varias veces e «impulsada por una singular audacia, empezó de la nada la construcción de escuelas, hospitales y orfanatos para multitud de desheredados que se aventuraban a buscar trabajo en el nuevo mundo, sin conocer la lengua y sin medios que les permitieran una inserción digna en la sociedad norteamericana, en la que a menudo eran víctimas de personas sin escrúpulos. Su corazón materno, que no se resignaba jamás, llegaba a ellos dondequiera que se encontraran: en los tugurios, en las cárceles y en las minas».[63] En el Año Santo de 1950, el Papa Pío XII la proclamó patrona de todos los migrantes.[64]

---

[62] Id., *Homilía durante la Santa Misa de canonización* (9 octubre 2022): *AAS* 114 (2022), 1338.

[63] S. Juan Pablo II, *Mensaje a la Congregación de Misioneras del Sagrado Corazón* (31 mayo 2000), 3: *L'Osservatore Romano*, ed. semanal en lengua española, 28 julio 2000, 5.

[64] Cf. Pío XII, Breve ap. *Superiore iam aetate* (8 septiembre 1950): *AAS* 43 (1951), 455-456.

75. La tradición de la actividad de la Iglesia con y para los migrantes continúa y hoy ese servicio se expresa en iniciativas como los centros de acogida para refugiados, las misiones en las fronteras y los esfuerzos de Cáritas Internacional y otras instituciones. El Magisterio contemporáneo reafirma claramente este compromiso. El Papa Francisco recordaba que la misión de la Iglesia junto a los migrantes y refugiados es aún más amplia, insistiendo en que «la respuesta al desafío planteado por las migraciones contemporáneas se puede resumir en cuatro verbos: acoger, proteger, promover e integrar. Pero estos verbos no se aplican sólo a los migrantes y a los refugiados. Expresan la misión de la Iglesia en relación a todos los habitantes de las periferias existenciales, que deben ser acogidos, protegidos, promovidos e integrados».[65] Y añadía: «Cada ser humano es hijo de Dios. En él está impresa la imagen de Cristo. Se trata, entonces, de que nosotros seamos los primeros en verlo y así podamos ayudar a los otros a ver en el emigrante y en el refugiado no sólo un problema que debe ser afrontado, sino un hermano y una hermana que deben ser acogidos, respetados y amados, una ocasión que la Providencia nos ofrece para contribuir a la construcción de una sociedad más justa, una democracia más plena, un país más solidario, un mundo más fraterno y una comunidad cristiana más abierta,

---

[65] Francisco, *Mensaje para la CV Jornada Mundial del Migrante y del Refugiado* (27 mayo 2019): *AAS* 111 (2019), 911.

de acuerdo con el Evangelio».[66] La Iglesia, como madre, camina con los que caminan. Donde el mundo ve una amenaza, ella ve hijos; donde se levantan muros, ella construye puentes. Sabe que el anuncio del Evangelio sólo es creíble cuando se traduce en gestos de cercanía y de acogida; y que en cada migrante rechazado, es Cristo mismo quien llama a las puertas de la comunidad.

AL LADO DE LOS ÚLTIMOS

76. La santidad cristiana florece, con frecuencia, en los lugares más olvidados y heridos de la humanidad. Los más pobres entre los pobres —los que no sólo carecen de bienes, sino también de voz y de reconocimiento de su dignidad— ocupan un lugar especial en el corazón de Dios. Son los preferidos del Evangelio, los herederos del Reino (cf. *Lc* 6,20). Es en ellos donde Cristo sigue sufriendo y resucitando. Es en ellos donde la Iglesia redescubre la llamada a mostrar su realidad más auténtica.

77. Santa Teresa de Calcuta, canonizada en 2016, se convirtió en un icono universal de la caridad vivida hasta el extremo en favor de los más indigentes, descartados por la sociedad. Fundadora de las Misioneras de la Caridad, dedicó su vida a los moribundos abandonados en las calles de

---

[66] ID., *Mensaje para la C Jornada Mundial del Migrante y del Refugiado* (5 agosto 2013): *AAS* 105 (2013), 930.

la India. Recogía a los rechazados, lavaba sus heridas y los acompañaba hasta el momento de la muerte con una ternura que era oración. Su amor por los más pobres entre los pobres la llevaba no sólo a atender sus necesidades materiales, sino también a anunciarles la buena noticia del Evangelio: «Queremos proclamar la buena nueva a los pobres de que Dios les ama, de que nosotros les amamos, de que ellos son alguien para nosotros, de que ellos también han sido creados por la misma mano amorosa de Dios, para amar y ser amados. Nuestros pobres son grandes personas, son personas muy queribles, no necesitan nuestra lástima y simpatía, necesitan nuestro amor comprensivo. Necesitan nuestro respeto, necesitan que les tratemos con dignidad».[67] Todo esto nacía de una profunda espiritualidad que veía el servicio a los más pobres como fruto de la oración y del amor, que generan la verdadera paz, como recordaba el Papa Juan Pablo II a los peregrinos que habían acudido a Roma para su beatificación: «¿Dónde encontró la madre Teresa la fuerza para ponerse completamente al servicio de los demás? La encontró en la oración y en la contemplación silenciosa de Jesucristo, de su santo Rostro y de su Sagrado Corazón. Lo dijo ella misma: "El fruto del silencio es la oración; el fruto de la oración es la fe; el fruto de la fe es el amor; el fruto del amor es el servicio; y el fruto del servicio es la paz" [...].

---

[67]   Sta. Teresa de Calcuta, *Discurso al recibir el Premio Nobel de la Paz* (Oslo, 10 de diciembre de 1979): Id., *Aimer jusqu'à en avoir mal*, Lyon 2017, 19-20.

La oración colmó su corazón de la paz de Cristo y le permitió irradiarla a los demás».[68] Teresa no se consideraba una filántropa ni una activista, sino esposa de Cristo crucificado, a quien servía con amor total en los hermanos que sufrían.

78. En Brasil, santa Dulce de los Pobres, conocida como "el ángel bueno de Bahía", encarnó el mismo espíritu evangélico con rasgos brasileños. Refiriéndose a ella y a otras dos religiosas canonizadas en la misma celebración, el Papa Francisco recordó el amor que profesaban a los más marginados de la sociedad y afirmó que las nuevas santas «nos muestran que la vida consagrada es un camino de amor en las periferias existenciales del mundo».[69] La hermana Dulce enfrentó la precariedad con creatividad, los obstáculos con ternura, la carencia con fe inquebrantable. Comenzó acogiendo a enfermos en un gallinero, y desde allí fundó una de las mayores obras sociales del país. Atendía a miles de personas al día, sin perder nunca su dulzura. Se hizo pobre con los pobres por amor al sumamente Pobre. Vivía con poco, rezaba con fervor y servía con alegría. Su fe no la alejaba del mundo, sino que la sumía aún más profundamente en los dolores de los últimos.

---

[68] S. Juan Pablo II, *Discurso a los peregrinos venidos a Roma para la beatificación de la Madre Teresa de Calcuta* (20 octubre 2003), 3: *L'Osservatore Romano*, ed. semanal en lengua española, 31 octubre 2003, 7.
[69] Francisco, *Homilía durante la Santa Misa de canonización* (13 octubre 2019): *AAS* 111 (2019), 1712.

79. Se podría recordar también a san Benito Menni y las Hermanas Hospitalarias del Sagrado Corazón de Jesús, junto a las personas con discapacidades; a san Carlos de Foucauld entre las comunidades del Sahara; a santa Katharine Drexel, junto a los grupos más desfavorecidos de Norteamérica; a la hermana Emmanuelle con los recolectores de basura en el barrio de Ezbet El Nakhl, en la ciudad de El Cairo; y a muchísimos más. Cada uno a su manera descubrió que los más pobres no son meros objetos de compasión, sino maestros del Evangelio. No se trata de "llevarles a Dios", sino de encontrarlo entre ellos. Todos estos ejemplos enseñan que servir a los pobres no es un gesto de arriba hacia abajo, sino un encuentro entre iguales, donde Cristo se revela y es adorado. San Juan Pablo II nos recordaba que «en la persona de los pobres hay una presencia especial [de Cristo], que impone a la Iglesia una opción preferencial por ellos».[70] Por lo tanto, cuando la Iglesia se inclina hasta el suelo para cuidar de los pobres, asume su postura más elevada.

Movimientos populares

80. Debemos reconocer también que, a lo largo de la historia cristiana, la ayuda a los pobres y la lucha por sus derechos no han implicado sólo a los individuos, a algunas familias, a las institucio-

---

[70] S. Juan Pablo II, Carta ap. *Novo millennio ineunte* (6 enero 2001), 49: *AAS* 93 (2001), 302.

nes o a las comunidades religiosas. Han existido, y existen, varios movimientos populares, integrados por laicos y guiados por líderes populares, muchas veces bajo sospecha o incluso perseguidos. Me refiero a un «conjunto de personas que no caminan como individuos sino como el entramado de una comunidad de todos y para todos, que no puede dejar que los más pobres y débiles se queden atrás. […] Los líderes populares, entonces, son aquellos que tienen la capacidad de incorporar a todos. […] No les tienen asco ni miedo a los jóvenes lastimados y crucificados».[71]

81. Estos líderes populares saben que la solidaridad «también es luchar contra las causas estructurales de la pobreza, la desigualdad, la falta de trabajo, la tierra y la vivienda, la negación de los derechos sociales y laborales. Es enfrentar los destructores efectos del imperio del dinero […]. La solidaridad, entendida en su sentido más hondo, es un modo de hacer historia y eso es lo que hacen los movimientos populares».[72] Por esta razón, cuando las distintas instituciones piensan en las necesidades de los pobres se requiere «que incluyan a los movimientos populares y animen las estructuras de gobierno locales, nacionales e internacionales con ese torrente de energía moral

---

[71] FRANCISCO, Exhort. ap. *Christus vivit* (25 marzo 2019), 231: *AAS* 111 (2019), 458.

[72] ID., *Discurso a los participantes en el Encuentro mundial de los movimientos populares* (28 octubre 2014): *AAS* 106 (2014), 851-852.

que surge de la incorporación de los excluidos en la construcción del destino común».[73] Los movimientos populares, efectivamente, nos invitan a superar «esa idea de las políticas sociales concebidas como una política *hacia* los pobres pero nunca *con* los pobres, nunca *de* los pobres y mucho menos inserta en un proyecto que reunifique a los pueblos».[74] Si los políticos y los profesionales no los escuchan, «la democracia se atrofia, se convierte en un nominalismo, una formalidad, pierde representatividad, se va desencarnando porque deja afuera al pueblo en su lucha cotidiana por la dignidad, en la construcción de su destino».[75] Lo mismo se debe decir de las instituciones de la Iglesia.

---

[73]   *Ibíd.*: *AAS* 106 (2014), 859.

[74]   ID., *Discurso a los participantes en el Encuentro mundial de los movimientos populares* (5 noviembre 2016): *L'Osservatore Romano*, ed. semanal en lengua española, 11 noviembre 2016, 8.

[75]   *Ibíd.*

CAPÍTULO CUARTO

UNA HISTORIA QUE CONTINÚA

El siglo de la Doctrina Social de la Iglesia

82. La aceleración de las transformaciones tecnológicas y sociales de los últimos dos siglos, llena de trágicas contradicciones, no sólo ha sido sufrida, sino también afrontada y pensada por los pobres. Los movimientos de trabajadores, de mujeres y de jóvenes, así como la lucha contra la discriminación racial, han dado lugar a una nueva conciencia de la dignidad de los marginados. También el aporte de la Doctrina Social de la Iglesia tiene en sí esta raíz popular que no se debe olvidar; sería inimaginable su relectura de la revelación cristiana en las modernas circunstancias sociales, laborales, económicas y culturales sin los laicos cristianos lidiando con los desafíos de su tiempo. A su lado trabajaron religiosas y religiosos, testigos de una Iglesia en salida de los caminos ya recorridos. El cambio de época que estamos afrontando hace hoy aún más necesaria la continua interacción entre los bautizados y el Magisterio, entre los ciudadanos y los expertos, entre el pueblo y las instituciones. En particular, se reconoce nuevamente que la realidad se ve me-

jor desde los márgenes y que los pobres son sujetos de una inteligencia específica, indispensable para la Iglesia y la humanidad.

83. El Magisterio de los últimos ciento cincuenta años ofrece una auténtica fuente de enseñanzas referidas a los pobres. De ese modo, los Obispos de Roma se han hecho voz de nuevas conciencias, tomadas en consideración para el discernimiento eclesial. Por ejemplo, en la carta encíclica *Rerum novarum* (1891), León XIII afrontó la cuestión del trabajo, poniendo al descubierto la situación intolerable de muchos obreros de la industria, proponiendo la instauración de un orden social justo. Otros pontífices también se han expresado en esta misma línea. Con la encíclica *Mater et Magistra* (1961) san Juan XXIII se hizo promotor de una justicia de dimensiones mundiales: los países ricos no podían permanecer indiferentes ante los países oprimidos por el hambre y la miseria, sino que estaban llamados a socorrerlos generosamente con todos sus recursos.

84. El Concilio Vaticano II representa una etapa fundamental en el discernimiento eclesial en relación a los pobres, a la luz de la Revelación. Si bien en los documentos preparatorios este tema fue marginal, desde el radiomensaje del 11 de septiembre de 1962, a un mes de la apertura del Concilio, san Juan XXIII centró la atención sobre el mismo con palabras inolvidables: «La Iglesia se presenta como es y como quiere ser, como

Iglesia de todos, en particular como la Iglesia de los pobres».[76] Fue pues el gran trabajo de obispos, teólogos y expertos preocupados por la renovación de la Iglesia —con el apoyo del mismo san Juan XXIII— lo que reorientó el Concilio. Es fundamental la naturaleza cristocéntrica, es decir, doctrinal y no sólo social, de tal fermento. Numerosos padres conciliares, en efecto, favorecieron la consolidación de la conciencia, bien expresada por el cardenal Lercaro en su memorable intervención del 6 de diciembre de 1962, de que «el misterio de Cristo en la Iglesia es siempre, pero sobre todo hoy, el misterio de Cristo en los pobres»,[77] y de que «no se trata de un tema más, sino que en cierto sentido es el único tema de todo el Vaticano II».[78] El arzobispo de Bolonia, preparando el texto de esta intervención, anotaba: «Esta es la hora de los pobres, de los millones de pobres que están en toda la tierra, esta es la hora del misterio de la Iglesia madre de los pobres, esta es la hora del misterio de Cristo sobre todo en el pobre».[79] Se perfilaba de ese modo la necesidad de una nueva forma eclesial, más

---

[76] S. JUAN XXIII, *Radiomensaje a todos los fieles del mundo un mes antes de la apertura del Concilio Ecuménico Vaticano II* (11 septiembre 1962): *AAS* 54 (1962), 682.

[77] G. LERCARO, *Intervención en la XXXV Congregación general del Concilio Ecuménico Vaticano II* (6 diciembre 1962), 2: *AS* I/IV, 327-328.

[78] *Ibíd.*, 4: *AS* I/IV, 329.

[79] ISTITUTO PER LE SCIENZE RELIGIOSE (ed.), *Per la forza dello Spirito. Discorsi conciliari del Card. Giacomo Lercaro*, Bolonia 1984, 115.

sencilla y sobria, que implicase a todo el pueblo de Dios y a su figura histórica. Una Iglesia más semejante a su Señor que a las potencias mundanas, dirigida a estimular en toda la humanidad un compromiso concreto para resolver el gran problema de la pobreza en el mundo.

85. San Pablo VI, con ocasión de la apertura de la segunda sesión del Concilio, retomó el tema planteado por su predecesor respecto a la Iglesia que mira con particular interés «a los pobres, a los necesitados, a los afligidos, a los hambrientos, a los enfermos, a los encarcelados, es decir, mira a toda la humanidad que sufre y que llora; ésta le pertenece por derecho evangélico».[80] En la Audiencia general del 11 de noviembre de 1964, subrayó que «el pobre es representante de Cristo» y, acercando la imagen del Señor en los últimos a la que se manifiesta en el Papa, afirmó: «La representación de Cristo en el pobre es universal, todo pobre refleja a Cristo; la del Papa es personal. [...] El pobre y Pedro pueden coincidir, pueden ser la misma persona, revestida de una doble representación: la de la pobreza y la de la autoridad».[81] De ese modo, el vínculo intrínseco entre la Iglesia y los pobres era expresado simbólicamente con una original claridad.

---

[80] S. Pablo VI, *Alocución en la solemne apertura de la segunda sesión del Concilio Ecuménico Vaticano II* (29 septiembre 1963): *AAS* 55 (1963), 857.

[81] Id., *Catequesis* (11 noviembre 1964): *Insegnamenti di Paolo VI*, II (1964), 984.

86. En la constitución pastoral *Gaudium et spes*, actualizando la herencia de los Padres de la Iglesia, el Concilio afirmó con fuerza el destino universal de los bienes de la tierra y la función social de la propiedad que deriva de ello: «Dios ha destinado la tierra y cuanto ella contiene para uso de todos los hombres y pueblos. En consecuencia, los bienes creados deben llegar a todos [...]. Por tanto, el hombre, al usarlos, no debe tener las cosas exteriores que legítimamente posee como exclusivamente suyas, sino también como comunes, en el sentido de que no le aprovechen a él solamente, sino también a los demás. Por lo demás, el derecho a poseer una parte de bienes suficiente para sí mismos y para sus familias es un derecho que a todos corresponde. [...] Quien se halla en situación de necesidad extrema tiene derecho a tomar de la riqueza ajena lo necesario para sí. [...] La misma propiedad privada tiene también, por su misma naturaleza, una índole social, cuyo fundamento reside en el destino común de los bienes. Cuando esta índole social es descuidada, la propiedad muchas veces se convierte en ocasión de ambiciones y graves desórdenes».[82] Esta convicción fue impulsada nuevamente por san Pablo VI en la encíclica *Populorum progressio*, donde leemos que nadie puede considerarse autorizado a «reservarse en uso exclusivo lo que supera a la propia necesidad cuando a los demás les falta lo

---

[82] Conc. Ecum. Vat. II, Const. past. *Gaudium et spes*, 69. 71.

necesario».[83] En su intervención en las Naciones Unidas, el Papa Montini se presentó como el abogado de los pueblos pobres,[84] solicitando a la comunidad internacional la edificación de un mundo solidario.

87. Con san Juan Pablo II se consolida, al menos en el ámbito doctrinal, la relación preferencial de la Iglesia con los pobres. Su magisterio ha reconocido, en efecto, que la opción por los pobres es una «forma especial de primacía en el ejercicio de la caridad cristiana, de la cual da testimonio toda la tradición de la Iglesia».[85] En la encíclica *Sollicitudo rei socialis* escribe también que hoy, vista la dimensión mundial que ha adquirido la cuestión social, «este amor preferencial, con las decisiones que nos inspira, no puede dejar de abarcar a las inmensas muchedumbres de hambrientos, mendigos, sin techo, sin cuidados médicos y, sobre todo, sin esperanza de un futuro mejor: no se puede olvidar la existencia de esta realidad. Ignorarlo significaría parecernos al "rico epulón" que fingía no conocer al mendigo Lázaro, postrado a su puerta (cf. *Lc* 16,19-31)».[86] Su enseñanza sobre el trabajo adquiere importancia cuando queremos pensar en el rol activo de los

---

[83]   S. Pablo VI, Carta enc. *Populorum progressio* (26 marzo 1967), 23: *AAS* 59 (1967), 269.

[84]   Cf. *ibíd.*, 4: *AAS* 59 (1967), 259.

[85]   S. Juan Pablo II, Carta enc. *Sollicitudo rei socialis* (30 diciembre 1987), 42: *AAS* 80 (1988), 572.

[86]   *Ibíd.*: *AAS* 80 (1988), 573.

pobres en la renovación de la Iglesia y de la sociedad, dejando atrás el paternalismo de la mera asistencia de sus necesidades inmediatas. En la encíclica *Laborem exercens* afirma que «el trabajo humano es una clave, quizá la clave esencial, de toda la cuestión social».[87]

88. Frente a las múltiples crisis que han caracterizado el comienzo del tercer milenio, la lectura de Benedicto XVI se hace más marcadamente política. Así, en la carta encíclica *Caritas in veritate* afirma que «se ama al prójimo tanto más eficazmente, cuanto más se trabaja por un bien común que responda también a sus necesidades reales».[88] Además, observa que «el hambre no depende tanto de la escasez material, cuanto de la insuficiencia de recursos sociales, el más importante de los cuales es de tipo institucional. Es decir, falta un sistema de instituciones económicas capaces, tanto de asegurar que se tenga acceso al agua y a la comida de manera regular y adecuada desde el punto de vista nutricional, como de afrontar las exigencias relacionadas con las necesidades primarias y con las emergencias de crisis alimentarias reales, provocadas por causas naturales o por la irresponsabilidad política nacional e internacional».[89]

---

[87] Id., Carta enc. *Laborem exercens* (14 septiembre 1981), 3: *AAS* 73 (1981), 584.

[88] BENEDICTO XVI, Carta enc. *Caritas in veritate* (29 junio 2009), 7: *AAS* 101 (2009), 645.

[89] *Ibíd.*, 27: *AAS* 101 (2009), 661.

89. El Papa Francisco ha reconocido cómo, además del magisterio de los Obispos de Roma, en los últimos decenios se han hecho cada vez más frecuentes los posicionamientos adoptados por las Conferencias episcopales nacionales y regionales al respecto. Por ejemplo, él pudo testimoniar en primera persona el compromiso particular del episcopado latinoamericano al reflexionar sobre la relación de la Iglesia con los pobres. En el período postconciliar, en casi todos los países de América Latina se sintió fuertemente la identificación de la Iglesia con los pobres y la participación activa en su rescate. Fue el corazón mismo de la Iglesia el que se conmovió ante tanta gente pobre que sufría desempleo, subempleo, salarios inicuos y estaba obligada a vivir en condiciones miserables. El martirio de san Óscar Romero, arzobispo de San Salvador, fue al mismo tiempo un testimonio y una exhortación viva para la Iglesia. Él sintió como propio el drama de la gran mayoría de sus fieles y los hizo el centro de su opción pastoral. Las Conferencias del Episcopado Latinoamericano en Medellín, Puebla, Santo Domingo y Aparecida constituyen etapas significativas también para toda la Iglesia. Yo mismo, misionero durante largos años en Perú, debo mucho a este camino de discernimiento eclesial, que el Papa Francisco ha sabido unir sabiamente al de otras Iglesias particulares, especialmente las del Sur global. Ahora quisiera referirme a dos temas específicos de este magisterio episcopal.

ESTRUCTURAS DE PECADO QUE CAUSAN POBREZA Y DESIGUALDADES EXTREMAS

90. En Medellín, los obispos se pronunciaron en favor de la opción preferencial por los pobres: «Cristo nuestro Salvador, no sólo amó a los pobres, sino que "siendo rico se hizo pobre", vivió en la pobreza, centró su misión en el anuncio a los pobres de su liberación y fundó su Iglesia como signo de esa pobreza entre los hombres. [...] La pobreza de tantos hermanos clama justicia, solidaridad, testimonio, compromiso, esfuerzo y superación para el cumplimiento pleno de la misión salvífica encomendada por Cristo».[90] Los obispos afirmaron con fuerza que la Iglesia, para ser plenamente fiel a su vocación, no sólo debe compartir la condición de los pobres, sino también ponerse de su lado, comprometiéndose diligentemente en su promoción integral. La Conferencia de Puebla, ante el agravamiento de la pobreza en América Latina, confirmó la decisión de Medellín con una opción franca y profética en favor de los pobres, y calificó las estructuras de injusticia como "pecado social".

91. La caridad es una fuerza que cambia la realidad, una auténtica potencia histórica de cambio. Es la fuente a la que debe hacer referencia todo compromiso para «resolver las causas estructu-

---

[90] II CONFERENCIA GENERAL DEL EPISCOPADO LATINOAMERICANO, *Documento de Medellín* (24 octubre 1968), 14, n. 7: CELAM, *Medellín. Conclusiones*, Lima 2005, 131-132.

rales de la pobreza»,[91] y llevarlo a cabo urgentemente. Hago votos, por lo tanto, para «que crezca el número de políticos capaces de entrar en un auténtico diálogo que se oriente eficazmente a sanar las raíces profundas y no la apariencia de los males de nuestro mundo»,[92] porque «se trata de escuchar el clamor de pueblos enteros, de los pueblos más pobres de la tierra».[93]

92. Por lo tanto, es preciso seguir denunciando la "dictadura de una economía que mata" y reconocer que «mientras las ganancias de unos pocos crecen exponencialmente, las de la mayoría se quedan cada vez más lejos del bienestar de esa minoría feliz. Este desequilibrio proviene de ideologías que defienden la autonomía absoluta de los mercados y la especulación financiera. De ahí que nieguen el derecho de control de los Estados, encargados de velar por el bien común. Se instaura una nueva tiranía invisible, a veces virtual, que impone, de forma unilateral e implacable, sus leyes y sus reglas».[94] Aunque no faltan diferentes teorías que intentan justificar el estado actual de las cosas, o explicar que la racionalidad económica nos exige que esperemos a que las fuerzas invisibles del mercado resuelvan todo, la dignidad de cada persona humana debe

---

[91] FRANCISCO, Exhort. ap. *Evangelii gaudium* (24 noviembre 2013), 202: *AAS* 105 (2013), 1105.

[92] *Ibíd.*, 205: *AAS* 105 (2013), 1106.

[93] *Ibíd.*, 190: *AAS* 105 (2013), 1099.

[94] *Ibíd.*, 56: *AAS* 105 (2013), 1043.

ser respetada ahora, no mañana, y la situación de miseria de muchas personas a quienes esta dignidad se niega debe ser una llamada constante para nuestra conciencia.

93. En la encíclica *Dilexit nos,* el Papa Francisco ha recordado cómo el pecado social toma la forma de "estructura de pecado" en la sociedad, que «muchas veces [...] se inserta en una mentalidad dominante que considera normal o racional lo que no es más que egoísmo e indiferencia. Este fenómeno se puede definir "alienación social"».[95] Se vuelve normal ignorar a los pobres y vivir como si no existieran. Se presenta como elección racional organizar la economía pidiendo sacrificios al pueblo, para alcanzar ciertos objetivos que interesan a los poderosos; mientras que a los pobres sólo les quedan promesas de "gotas" que caerán, hasta que una nueva crisis global los lleve de regreso a la situación anterior. Es una auténtica alienación aquella que lleva sólo a encontrar excusas teóricas y no a tratar de resolver hoy los problemas concretos de los que sufren. Lo decía ya san Juan Pablo II: «Está alienada una sociedad que, en sus formas de organización social, de producción y consumo, hace más difícil la realización de esta donación y la formación de esa solidaridad interhumana».[96]

---

[95] Id., Carta enc. *Dilexit nos* (24 octubre 2024), 183: *AAS* 116 (2024), 1427.

[96] S. Juan Pablo II, Carta enc. *Centesimus annus* (1 mayo 1991), 41: *AAS* 83 (1991), 844-845.

94. Debemos comprometernos cada vez más para resolver las causas estructurales de la pobreza. Es una urgencia que «no puede esperar, no sólo por una exigencia pragmática de obtener resultados y de ordenar la sociedad, sino para sanarla de una enfermedad que la vuelve frágil e indigna y que sólo podrá llevarla a nuevas crisis. Los planes asistenciales, que atienden ciertas urgencias, sólo deberían pensarse como respuestas pasajeras».[97] La falta de equidad «es raíz de los males sociales».[98] En efecto, «muchas veces se percibe que, de hecho, los derechos humanos no son iguales para todos».[99]

95. Resulta que «en el vigente modelo "exitista" y "privatista" no parece tener sentido invertir para que los lentos, débiles o menos dotados puedan abrirse camino en la vida».[100] La pregunta recurrente es siempre la misma: ¿los menos dotados no son personas humanas? ¿Los débiles no tienen nuestra misma dignidad? ¿Los que nacieron con menos posibilidades valen menos como seres humanos, y sólo deben limitarse a sobrevivir? De nuestra respuesta a estos interrogantes depende el valor de nuestras sociedades y también nuestro futuro. O reconquistamos nuestra dignidad

[97] Francisco, Exhort. ap. *Evangelii gaudium* (24 noviembre 2013), 202: *AAS* 105 (2013), 1105.

[98] *Ibíd.*

[99] Id., Carta enc. *Fratelli tutti* (3 octubre 2020), 22: *AAS* 112 (2020), 976.

[100] Id., Exhort. ap. *Evangelii gaudium* (24 noviembre 2013), 209: *AAS* 105 (2013), 1107.

moral y espiritual, o caemos como en un pozo de suciedad. Si no nos detenemos a tomar las cosas en serio continuaremos así, de manera explícita o disimulada, legitimando «el modelo distributivo actual, donde una minoría se cree con el derecho de consumir en una proporción que sería imposible generalizar, porque el planeta no podría ni siquiera contener los residuos de semejante consumo».[101]

96. Entre las cuestiones estructurales —que no es posible imaginar que se resuelvan de lo alto y que requieren ser asumidas lo antes posible— está el tema de los lugares, los espacios, las casas y las ciudades donde los pobres viven y transitan. Lo sabemos, «¡qué hermosas son las ciudades que superan la desconfianza enfermiza e integran a los diferentes, y que hacen de esa integración un nuevo factor de desarrollo! ¡Qué lindas son las ciudades que, aun en su diseño arquitectónico, están llenas de espacios que conectan, relacionan, favorecen el reconocimiento del otro!».[102] Al mismo tiempo, «no podemos dejar de considerar los efectos de la degradación ambiental, del actual modelo de desarrollo y de la cultura del descarte en la vida de las personas».[103] De hecho, «el dete-

[101] Id., Carta enc. *Laudato si'* (24 mayo 2015), 50: *AAS* 107 (2015), 866.

[102] Id., Exhort. ap. *Evangelii gaudium* (24 noviembre 2013), 210: *AAS* 105 (2013), 1107.

[103] Id., Carta enc. *Laudato si'* (24 mayo 2015), 43: *AAS* 107 (2015), 863.

rioro del ambiente y el de la sociedad afectan de un modo especial a los más débiles del planeta».[104]

97. Por consiguiente, es responsabilidad de todos los miembros del pueblo de Dios hacer oír, de diferentes maneras, una voz que despierte, que denuncie y que se exponga, aun a costo de parecer "estúpidos". Las estructuras de injusticia deben ser reconocidas y destruidas con la fuerza del bien, a través de un cambio de mentalidad, pero también con la ayuda de las ciencias y la técnica, mediante el desarrollo de políticas eficaces en la transformación de la sociedad. Siempre debe recordarse que la propuesta del Evangelio no es sólo la de una relación individual e íntima con el Señor. La propuesta es más amplia: «es el Reino de Dios (cf. *Lc* 4,43); se trata de amar a Dios que reina en el mundo. En la medida en que Él logre reinar entre nosotros, la vida social será ámbito de fraternidad, de justicia, de paz, de dignidad para todos. Entonces, tanto el anuncio como la experiencia cristiana tienden a provocar consecuencias sociales. Buscamos su Reino».[105]

98. En fin, un documento que al principio no fue bien acogido por algunos, nos ofrece una reflexión siempre actual: «A los defensores de "la ortodoxia", se dirige a veces el reproche de pasividad, de indulgencia o de complicidad culpables respecto

---

[104] *Ibíd.*, 48: *AAS* 107 (2015), 865.
[105] Id., Exhort. ap. *Evangelii gaudium* (24 noviembre 2013), 180: *AAS* 105 (2013), 1095.

a situaciones de injusticia intolerables y de los regímenes políticos que las mantienen. La conversión espiritual, la intensidad del amor a Dios y al prójimo, el celo por la justicia y la paz, el sentido evangélico de los pobres y de la pobreza, son requeridos a todos, y especialmente a los pastores y a los responsables. La preocupación por la pureza de la fe ha de ir unida a la preocupación por aportar, con una vida teologal integral, la respuesta de un testimonio eficaz de servicio al prójimo, y particularmente al pobre y al oprimido».[106]

Los pobres como sujetos

99. Un don fundamental para el camino de la Iglesia universal está representado por el discernimiento de la Conferencia de Aparecida, donde los obispos latinoamericanos explicitaron que la opción preferencial de la Iglesia por los pobres «está implícita en la fe cristológica en aquel Dios que se ha hecho pobre por nosotros, para enriquecernos con su pobreza».[107] En el documento se contextualiza la misión en la actual situación del mundo globalizado, con

---

[106] Congregación para la Doctrina de la Fe, *Instrucción sobre algunos aspectos de la "Teología de la liberación"* (6 agosto 1984), XI, 18: *AAS* 76 (1984), 907-908.

[107] V Conferencia General del Episcopado Latinoamericano y del Caribe, *Documento de Aparecida* (29 junio 2007), n. 392, Bogotá 2007, pp. 179-180. Cf. Benedicto XVI, *Discurso en la sesión inaugural de los trabajos de la V Conferencia General del Episcopado Latinoamericano y del Caribe* (13 mayo 2007), 3: *AAS* 99 (2007), 450.

sus nuevos y dramáticos desequilibrios,[108] y los obispos, en el mensaje final, escriben: «Las agudas diferencias entre ricos y pobres nos invitan a trabajar con mayor empeño en ser discípulos que saben compartir la mesa de la vida, mesa de todos los hijos e hijas del Padre, mesa abierta, incluyente, en la que no falte nadie. Por eso reafirmamos nuestra opción preferencial y evangélica por los pobres».[109]

100. Al mismo tiempo, el documento —profundizando un tema ya presente en las Conferencias precedentes del episcopado de América Latina— insiste en la necesidad de considerar a las comunidades marginadas como *sujetos* capaces de crear su propia cultura, más que como *objetos* de beneficencia. Esto implica que dichas comunidades tienen el derecho de vivir el Evangelio, de celebrar y comunicar la fe según los valores presentes en su cultura. La experiencia de la pobreza les da la capacidad para reconocer aspectos de la realidad que otros no son capaces de ver, y por esta razón la sociedad necesita escucharlos. Lo mismo vale para la Iglesia, que debe valorizar positivamente la manera "popular" que ellos tienen de vivir la fe. Un hermoso texto del documento final de Aparecida nos ayuda a reflexio-

---

[108] Cf. V Conferencia General del Episcopado Latinoamericano y del Caribe, *Documento de Aparecida* (29 junio 2007), nn. 43-87, pp. 31-47.

[109] Id., *Mensaje final* (29 mayo 2007), n. 4, Bogotá 2007, p. 275.

nar sobre este punto, para encontrar la actitud correcta: «Sólo la cercanía que nos hace amigos nos permite apreciar profundamente los valores de los pobres de hoy, sus legítimos anhelos y su modo propio de vivir la fe. [...] Día a día, los pobres se hacen sujetos de la evangelización y de la promoción humana integral: educan a sus hijos en la fe, viven una constante solidaridad entre parientes y vecinos, buscan constantemente a Dios y dan vida al peregrinar de la Iglesia. A la luz del Evangelio reconocemos su inmensa dignidad y su valor sagrado a los ojos de Cristo, pobre como ellos y excluido entre ellos. Desde esta experiencia creyente, compartiremos con ellos la defensa de sus derechos».[110]

101. Todo esto comporta la presencia de un aspecto en la opción por los pobres que debemos recordar constantemente: esta opción, en efecto, exige de nuestra parte «una atención puesta en el otro [...]. Esta atención amante es el inicio de una verdadera preocupación por su persona, a partir de la cual deseo buscar efectivamente su bien. Esto implica valorar al pobre en su bondad propia, con su forma de ser, con su cultura, con su modo de vivir la fe. El verdadero amor siempre es contemplativo, nos permite servir al otro no por necesidad o por vanidad, sino porque él es bello, más allá de su apariencia. [...] Sólo desde esta cercanía real y cordial podemos acompañarlos

---

[110] Id., *Documento de Aparecida* (29 junio 2007), n. 398, p. 182.

adecuadamente en su camino de liberación».[111] Por esta razón, dirijo un sincero agradecimiento a todos los que han escogido vivir entre los pobres; es decir, a aquellos que no van a visitarlos de vez en cuando, sino que viven con ellos y como ellos. Esta es una opción que debe encontrar lugar entre las formas más altas de vida evangélica.

102. En esta perspectiva, aparece claramente la necesidad de que «todos nos dejemos evangelizar»[112] por los pobres, y que todos reconozcamos «la misteriosa sabiduría que Dios quiere comunicarnos a través de ellos».[113] Crecidos en la extrema precariedad, aprendiendo a sobrevivir en medio de las condiciones más difíciles, confiando en Dios con la certeza de que nadie más los toma en serio, ayudándose mutuamente en los momentos más oscuros, los pobres han aprendido muchas cosas que conservan en el misterio de su corazón. Aquellos entre nosotros que no han experimentado situaciones similares, de una vida vivida en el límite, seguramente tienen mucho que recibir de esa fuente de sabiduría que constituye la experiencia de los pobres. Sólo comparando nuestras quejas con sus sufrimientos y privaciones, es posible recibir un reproche que nos invite a simplificar nuestra vida.

---

[111] Francisco, Exhort. ap. *Evangelii gaudium* (24 noviembre 2013), 199: *AAS* 105 (2013), 1103-1104.

[112] *Ibíd.*, 198: *AAS* 105 (2013), 1103.

[113] *Ibíd.*

CAPÍTULO QUINTO

UN DESAFÍO PERMANENTE

103. He decidido recordar esta bimilenaria historia de atención eclesial a los pobres y con los pobres para mostrar que ésta forma parte esencial del camino ininterrumpido de la Iglesia. El cuidado de los pobres forma parte de la gran Tradición de la Iglesia, como un faro de luz que, desde el Evangelio, ha iluminado los corazones y los pasos de los cristianos de todos los tiempos. Por tanto, debemos sentir la urgencia de invitar a todos a sumergirse en este río de luz y de vida que proviene del reconocimiento de Cristo en el rostro de los necesitados y de los que sufren. El amor a los pobres es un elemento esencial de la historia de Dios con nosotros y, desde el corazón de la Iglesia, prorrumpe como una llamada continua en los corazones de los creyentes, tanto en las comunidades como en cada uno de los fieles. La Iglesia, en cuanto Cuerpo de Cristo, siente como su propia "carne" la vida de los pobres, que son parte privilegiada del pueblo que va en camino. Por esta razón, el amor a los que son pobres —en cualquier modo en que se manifieste dicha pobreza— es la garantía evangélica de una Iglesia fiel al corazón de Dios. De hecho, cada renova-

ción eclesial ha tenido siempre como prioridad la atención preferencial por los pobres, que se diferencia, tanto en las motivaciones como en el estilo, de las actividades de cualquier otra organización humanitaria.

104. El cristiano no puede considerar a los pobres sólo como un problema social; estos son una "cuestión familiar", son "de los nuestros". Nuestra relación con ellos no se puede reducir a una actividad o a una oficina de la Iglesia. Como enseña la Conferencia de Aparecida, «se nos pide dedicar tiempo a los pobres, prestarles una amable atención, escucharlos con interés, acompañarlos en los momentos más difíciles, eligiéndolos para compartir horas, semanas o años de nuestra vida, y buscando, desde ellos, la transformación de su situación. No podemos olvidar que el mismo Jesús lo propuso con su modo de actuar y con sus palabras».[114]

El buen samaritano de nuevo

105. La cultura dominante de los inicios de este milenio instiga a abandonar a los pobres a su propio destino, a no juzgarlos dignos de atención y mucho menos de aprecio. En la encíclica *Fratelli tutti* el Papa Francisco nos invitaba a re-

---

[114] V Conferencia General del Episcopado Latinoamericano y del Caribe, *Documento de Aparecida* (29 junio 2007), n. 397, p. 182.

flexionar sobre la parábola del buen samaritano (cf. *Lc* 10,25-37), precisamente para profundizar en este punto. En dicha parábola vemos que, frente a aquel hombre herido y abandonado en el camino, las actitudes de aquellos que pasan son distintas. Sólo el buen samaritano se ocupa de cuidarlo. Entonces vuelve la pregunta que interpela a cada uno en primera persona: «¿Con quién te identificas? Esta pregunta es cruda, directa y determinante. ¿A cuál de ellos te pareces? Nos hace falta reconocer la tentación que nos circunda de desentendernos de los demás; especialmente de los más débiles. Digámoslo, hemos crecido en muchos aspectos, aunque somos analfabetos en acompañar, cuidar y sostener a los más frágiles y débiles de nuestras sociedades desarrolladas. Nos acostumbramos a mirar para el costado, a pasar de lado, a ignorar las situaciones hasta que estas nos golpean directamente».[115]

106. Y nos hace mucho bien descubrir que aquella escena del buen samaritano se repite también hoy. Recordemos esta situación de nuestros días: «Cuando encuentro a una persona durmiendo a la intemperie, en una noche fría, puedo sentir que ese bulto es un imprevisto que me interrumpe, un delincuente ocioso, un estorbo en mi camino, un aguijón molesto para mi conciencia, un problema que deben resolver los políticos, y quizá hasta una basura que ensucia el espacio pú-

---

[115] Francisco, Carta enc. *Fratelli tutti* (3 octubre 2020), 64: *AAS* 112 (2020), 992.

blico. O puedo reaccionar desde la fe y la caridad, y reconocer en él a un ser humano con mi misma dignidad, a una creatura infinitamente amada por el Padre, a una imagen de Dios, a un hermano redimido por Jesucristo. ¡Eso es ser cristianos! ¿O acaso puede entenderse la santidad al margen de este reconocimiento vivo de la dignidad de todo ser humano?».[116] ¿Qué hizo el buen samaritano?

107. La pregunta se vuelve urgente, porque nos ayuda a darnos cuenta de una grave falta en nuestras sociedades y también en nuestras comunidades cristianas. El hecho es que muchas formas de indiferencia que hoy encontramos «son signos de un estilo de vida generalizado, que se manifiesta de diversas maneras, quizás más sutiles. Además, como todos estamos muy concentrados en nuestras propias necesidades, ver a alguien sufriendo nos molesta, nos perturba, porque no queremos perder nuestro tiempo por culpa de los problemas ajenos. Estos son síntomas de una sociedad enferma, porque busca construirse de espaldas al dolor. Mejor no caer en esa miseria. Miremos el modelo del buen samaritano».[117] Las últimas palabras de la parábola evangélica —«Ve, y procede tú de la misma manera» (*Lc* 10,37)— son un mandamiento que un cristiano debe oír resonar cada día en su corazón.

---

[116] Id., Exhort. ap. *Gaudete et exsultate* (19 marzo 2018), 98: *AAS* 110 (2018), 1137.

[117] Id., Carta enc. *Fratelli tutti* (3 octubre 2020), 65-66: *AAS* 112 (2020), 992.

108. En una época particularmente difícil para la Iglesia de Roma, cuando las instituciones imperiales estaban colapsando bajo la presión de los bárbaros, san Gregorio Magno amonestaba a sus fieles de este modo: «Todos los días, si lo buscamos, hallamos a Lázaro, y, aunque no lo busquemos, le tenemos a la vista. Ved que a todas horas se presentan los pobres y que ahora nos piden ellos, que luego vendrán como intercesores nuestros. [...] No perdáis el tiempo de la misericordia; no hagáis caso omiso de los remedios que habéis recibido».[118] No sin valentía, él desafiaba los prejuicios generalizados hacia los pobres, como los de quienes los consideraban responsables de su propia miseria: «Cuando veis que algunos pobres hacen algunas cosas reprensibles: no los despreciéis, no desconfiéis, porque tal vez la fragua de la pobreza purifica el exceso de alguna maldad pequeñísima que los mancha».[119] No pocas veces, la riqueza nos vuelve ciegos, hasta el punto de pensar que nuestra felicidad sólo puede realizarse si logramos prescindir de los demás. En esto, los pobres pueden ser para nosotros como maestros silenciosos, devolviendo nuestro orgullo y arrogancia a una justa humildad.

109. Si es verdad que los pobres son sostenidos por quienes tienen medios económicos, también

---

[118] S. Gregorio Magno, *Homilía* 40, 10: *SCh* 522, París 2008, 552-554.

[119] *Ibíd.*, 6: *SCh* 522, 546.

se puede afirmar con certeza lo contrario. Esta es una sorprendente experiencia corroborada por la misma tradición cristiana y que se vuelve un verdadero punto de inflexión en nuestra vida personal, cuando caemos en la cuenta de que justamente los pobres son quienes nos evangelizan. ¿De qué manera? Los pobres, en el silencio de su misma condición, nos colocan frente a la realidad de nuestra debilidad. El anciano, por ejemplo, con la debilidad de su cuerpo, nos recuerda nuestra vulnerabilidad, aun cuando buscamos esconderla detrás del bienestar o de la apariencia. Además, los pobres nos hacen reflexionar sobre la precariedad de aquel orgullo agresivo con el que frecuentemente afrontamos las dificultades de la vida. En esencia, ellos revelan nuestra fragilidad y el vacío de una vida aparentemente protegida y segura. Al respecto, volvemos a escuchar estas palabras de san Gregorio Magno: «Nadie, pues, se cuente seguro diciendo: Ea, yo no robo lo ajeno, sino que disfruto buenamente de los bienes que he recibido; porque este rico no fue castigado precisamente por robar lo ajeno, sino porque malamente reservó para sí solo los bienes que había recibido. También le llevó al infierno esto: el no vivir temeroso en medio de su felicidad, el hacer servir a su arrogancia los dones recibidos, el no tener entrañas de caridad».[120]

---

[120] *Ibíd.*, 3: *SCh* 522, 536.

110. Para nosotros cristianos, la cuestión de los pobres conduce a lo esencial de nuestra fe. La opción preferencial por los pobres, es decir, el amor de la Iglesia hacia ellos, como enseñaba san Juan Pablo II, «es determinante y pertenece a su constante tradición, la impulsa a dirigirse al mundo en el cual, no obstante el progreso técnico-económico, la pobreza amenaza con alcanzar formas gigantescas».[121] La realidad es que los pobres para los cristianos no son una categoría sociológica, sino la misma carne de Cristo. En efecto, no es suficiente limitarse a enunciar en modo general la doctrina de la encarnación de Dios; para adentrarse en serio en este misterio, en cambio, es necesario especificar que el Señor se hace carne, carne que tiene hambre, que tiene sed, que está enferma, encarcelada. «Una Iglesia pobre para los pobres empieza con ir hacia la carne de Cristo. Si vamos hacia la carne de Cristo, comenzamos a entender algo, a entender qué es esta pobreza, la pobreza del Señor. Y esto no es fácil».[122]

111. El corazón de la Iglesia, por su misma naturaleza, es solidario con aquellos que son pobres, excluidos y marginados, con aquellos que son considerados un "descarte" de la sociedad. Los pobres están en el centro de la Iglesia, porque es desde

[121] S. JUAN PABLO II, Carta enc. *Centesimus annus* (1 mayo 1991), 57: *AAS* 83 (1991) 862-863.

[122] FRANCISCO, *Vigilia de Pentecostés con los movimientos eclesiales* (18 mayo 2013): *L'Osservatore Romano*, ed. semanal en lengua española, 24 mayo 2013, 6.

la «fe en Cristo hecho pobre, y siempre cercano a los pobres y excluidos, [que] brota la preocupación por el desarrollo integral de los más abandonados de la sociedad».[123] En el corazón de cada fiel se encuentra «la exigencia de escuchar este clamor [que] brota de la misma obra liberadora de la gracia en cada uno de nosotros, por lo cual no se trata de una misión reservada sólo a algunos».[124]

112. A veces se percibe en algunos movimientos o grupos cristianos la carencia o incluso la ausencia del compromiso por el bien común de la sociedad y, en particular, por la defensa y la promoción de los más débiles y desfavorecidos. A este respecto, es necesario recordar que la religión, especialmente la cristiana, no puede limitarse al ámbito privado, como si los fieles no tuvieran que preocuparse también de los problemas relativos a la sociedad civil y de los acontecimientos que afectan a los ciudadanos.[125]

113. En realidad, «cualquier comunidad de la Iglesia, en la medida en que pretenda subsistir tranquila sin ocuparse creativamente y cooperar con eficiencia para que los pobres vivan con dignidad y para incluir a todos, también correrá el riesgo de la disolución, aunque hable de temas sociales o critique a los gobiernos. Fácilmente ter-

---

[123] Id., Exhort. ap. *Evangelii gaudium* (24 noviembre 2013), 186: *AAS* 105 (2013), 1098.

[124] *Ibíd.*, 188: *AAS* 105 (2013), 1099.

[125] Cf. *ibíd.*, 182-183: *AAS* 105 (2013), 1096-1097.

minará sumida en la mundanidad espiritual, disimulada con prácticas religiosas, con reuniones infecundas o con discursos vacíos».[126]

114. No estamos hablando sólo de la asistencia y del necesario compromiso por la justicia. Los creyentes deben darse cuenta de otra forma de incoherencia respecto a los pobres. En verdad, «la peor discriminación que sufren los pobres es la falta de atención espiritual [...]. La opción preferencial por los pobres debe traducirse principalmente en una atención religiosa privilegiada y prioritaria».[127] No obstante, esta atención espiritual hacia los pobres es puesta en discusión por ciertos prejuicios, también por parte de cristianos, porque nos sentimos más a gusto sin los pobres. Hay quienes siguen diciendo: "Nuestra tarea es rezar y enseñar la verdadera doctrina". Pero, desvinculando este aspecto religioso de la promoción integral, agregan que sólo el gobierno debería encargarse de ellos, o que sería mejor dejarlos en la miseria, para que aprendan a trabajar. A veces, sin embargo, se asumen criterios pseudocientíficos para decir que la libertad de mercado traerá espontáneamente la solución al problema de la pobreza. O incluso, se opta por una pastoral de las llamadas élites, argumentando que, en vez de perder el tiempo con los pobres, es mejor ocuparse de los ricos, de los poderosos y de los profesiona-

---

[126] *Ibíd.*, 207: *AAS* 105 (2013), 1107.
[127] *Ibíd.*, 200: *AAS* 105 (2013), 1104.

les, para que, por medio de ellos, se puedan alcanzar soluciones más eficaces. Es fácil percibir la mundanidad que se esconde detrás de estas opiniones; estas nos llevan a observar la realidad con criterios superficiales y desprovistos de cualquier luz sobrenatural, prefiriendo círculos sociales que nos tranquilizan o buscando privilegios que nos acomodan.

Aún hoy, dar

115. Es bueno dedicar una última palabra a la limosna, que hoy no goza de buena fama, a menudo incluso entre los creyentes. No sólo no se practica, sino que además se desprecia. Por un lado, confirmo que la ayuda más importante para una persona pobre es promoverla a tener un buen trabajo, para que pueda ganarse una vida más acorde a su dignidad, desarrollando sus capacidades y ofreciendo su esfuerzo personal. El hecho es que «la falta de trabajo es mucho más que la falta de una fuente de ingresos para poder vivir. El trabajo es también esto, pero es mucho, mucho más. Trabajando nosotros nos hacemos más persona, nuestra humanidad florece, los jóvenes se convierten en adultos solamente trabajando. La Doctrina Social de la Iglesia ha visto siempre el trabajo humano como participación en la creación que continúa cada día, también gracias a las manos, a la mente y al corazón de los tra-

bajadores».[128] Por otro lado, si aún no existe esta posibilidad concreta, no podemos correr el riesgo de dejar a una persona abandonada a su suerte, sin lo indispensable para vivir dignamente. Y, por tanto, la limosna sigue siendo un momento necesario de contacto, de encuentro y de identificación con la situación de los demás.

116. Es evidente, para quien ama de verdad, que la limosna no exime de sus responsabilidades a las autoridades competentes, ni elimina el compromiso organizado de las instituciones, y mucho menos sustituye la lucha legítima por la justicia. Sin embargo, invita al menos a detenerse y a mirar al pobre a la cara, a tocarle y compartir con él algo de lo suyo. De cualquier manera, la limosna, por pequeña que sea, infunde *pietas* en una vida social en la que todos se preocupan de su propio interés personal. Dice el libro de los Proverbios: «El hombre generoso será bendecido, porque comparte su pan con el pobre» (*Pr* 22,9).

117. Tanto el Antiguo como el Nuevo Testamento contienen auténticos himnos a la limosna: «Pero tú sé indulgente con el humilde y no le hagas esperar tu limosna, [...] que el tesoro encerrado en tus graneros sea la limosna, y ella te preservará de todo mal» (*Si* 29,8.12). Y Jesús retoma esta enseñanza: «Vendan sus bienes y denlos

---

[128] ID., *Discurso en ocasión del encuentro con el mundo del trabajo en el establecimiento siderúrgico ILVA en Génova* (27 mayo 2017): *AAS* 109 (2017), 613.

como limosna. Háganse bolsas que no se desgasten y acumulen un tesoro inagotable en el cielo» (*Lc* 12,33).

118. A san Juan Crisóstomo se le atribuía esta exhortación: «La limosna es el ala de la oración; si no le das alas a la oración, no volará».[129] Y san Gregorio Nacianceno concluía una de sus célebres oraciones con estas palabras: «En verdad, si en algo confiáis en mí, siervos de Cristo, hermanos y coherederos, mientras llega el momento, visitemos a Cristo, curemos a Cristo, alimentemos a Cristo, vistamos a Cristo, hospedemos a Cristo, honremos a Cristo; no sólo en la mesa, como algunos; ni con perfumes, como María; no sólo en el sepulcro, como José de Arimatea; ni con lo relativo a la sepultura, como Nicodemo, que amaba a Cristo a medias; ni con oro, incienso y mirra, como los Magos, anteriores a los mencionados; sino puesto que el Señor del universo quiere misericordia y no sacrificio [...], ofrezcámosle esa compasión por medio de los necesitados y de los que ahora se encuentran arrojados por tierra, para que, cuando salgamos de aquí abajo, seamos recibidos en las moradas eternas».[130]

119. Hay que alimentar el amor y las convicciones más profundas, y eso se hace con gestos.

---

[129] PSEUDOCRISÓSTOMO, *Homilia de jejunio et eleemosyna*: *PG* 48, 1060.

[130] S. GREGORIO NACIANCENO, *Oratio* XIV, 40: *PG* 35, París 1886, 910.

Permanecer en el mundo de las ideas y las discusiones, sin gestos personales, asiduos y sinceros, sería la perdición de nuestros sueños más preciados. Por esta sencilla razón, como cristianos, no renunciamos a la limosna. Es un gesto que se puede hacer de diferentes formas, y que podemos intentar hacer de la manera más eficaz, pero es preciso hacerlo. Y siempre será mejor hacer algo que no hacer nada. En todo caso nos llegará al corazón. No será la solución a la pobreza mundial, que hay que buscar con inteligencia, tenacidad y compromiso social. Pero necesitamos practicar la limosna para tocar la carne sufriente de los pobres.

120. El amor cristiano supera cualquier barrera, acerca a los lejanos, reúne a los extraños, familiariza a los enemigos, atraviesa abismos humanamente insuperables, penetra en los rincones más ocultos de la sociedad. Por su naturaleza, el amor cristiano es profético, hace milagros, no tiene límites: es para lo imposible. El amor es ante todo un modo de concebir la vida, un modo de vivirla. Pues bien, una Iglesia que no pone límites al amor, que no conoce enemigos a los que combatir, sino sólo hombres y mujeres a los que amar, es la Iglesia que el mundo necesita hoy.

121. Ya sea a través del trabajo que ustedes realizan, o de su compromiso por cambiar las estructuras sociales injustas, o por medio de esos gestos sencillos de ayuda, muy cercanos y personales, será

posible para aquel pobre sentir que las palabras de Jesús son para él: «Yo te he amado» (*Ap* 3,9).

Dado en Roma, junto a San Pedro,
el 4 de octubre, memoria de san Francisco de Asís,
del año 2025, primero de mi Pontificado.

Leo P.P. XIV

ÍNDICE